JACQUES-AMÉDÉE LE PAIRE

Couronné ...

LE COMTÉ

DE

Crécy-en-Brie

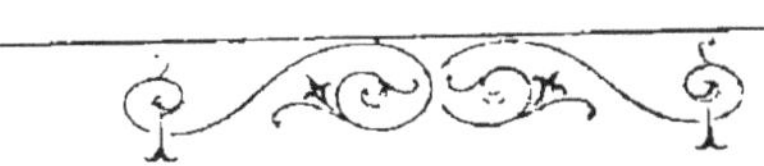

EMMANUEL GREVIN

IMPRIMERIE DE LAGNY

1910

LE COMTÉ

DE

CRÉCY-EN-BRIE

JACQUES-AMÉDÉE LE PAIRE

LE COMTÉ
DE
Crécy-en-Brie

EMMANUEL GREVIN

IMPRIMERIE DE LAGNY

1910

PRÉFACE

Pour écrire cette histoire, nous avons largement puisé dans l'« Histoire de la Maison de Châtillon-sur-Marne », par André Du Chesne, géographe du Roi ; dans l' « Histoire de l'Église de Meaux », par Dom Toussaints Du Plessis, bénédictin de la Congrégation de Saint-Maur ; dans l' « Histoire des Ducs et Comtes de Champagne », par H. d'Arbois de Jubainville, archiviste ; dans les « Essais historiques sur le département de Seine-et-Marne », par Michelin ; dans les « Archives du département de Seine-et-Marne », par M. Lemaire, archiviste ; dans les « Itinéraires des Ducs de Bourgogne », par E. Petit ; dans les « Mémoires des Intendants », par de Boislisle ; dans l' « Histoire du département de Seine-et-Marne », par le Docteur Félix Pascal ; dans l' « Inventaire », fait en 1539, par Nicolas Der, notaire royal à Meaux, contenant la déclaration *des fiefs et arrière-fiefs faite par les différents possesseurs pour fixer l'impôt, et enfin dans les pièces concernant la convocation du dernier arrière-ban de la « Noblesse de Champagne et de Brie » faite en 1695.*

J.-A. LE PAIRE.

LE COMTÉ DE CRÉCY-EN-BRIE

CHAPITRE PREMIER

LE GRAND-MORIN

Le Grand-Morin, rivière qui arrosait la Champagne et la Brie, dans la partie qui forme aujourd'hui les départements de la Marne et de Seine-et-Marne, prend sa source à Lachy, à cinq kilomètres Nord-Nord-Ouest de Sezanne, par environ cent quarante-cinq mètres d'altitude, et coule d'abord dans des prairies marécageuses.

En aval de Mœurs, il se dédouble : la branche gauche appelée *rivière des Auges* va baigner Sezanne et joint la Pleure pour former la Superbe, affluent de l'Aube, tandis que la branche droite restant Grand-Morin se dirige vers la Marne. Par cette bifurcation curieuse, le Grand-Morin supérieur appartient à deux bassins secondaires distincts.

Le Grand-Morin, dont le cours est généralement du Nord-Ouest, côtoie la vaste forêt de la Tracone, baigne le bourg d'Esternay, puis nombre de villages, passe à La Ferté-Gaucher et arrive devant la ville de Coulommiers, n'ayant encore reçu que d'insignifiants ruisseaux, mais de belles sources, telles que *la Font du Comte* et *la grande Font de Chailly* près de Saint-Rémy. Son maître affluent l'Aubertin lui arrive plus bas, près de la colline qui porte Faremoutiers.

Puis il arrose Tigeaux, La Chapelle, Crécy, Villiers, Couilly, Saint-Germain, Montry, Condé-Sainte-Libiaire et se divise en deux bras qui, tous deux, vont se jeter dans la Marne, le bras droit au Nord de Condé et le bras gauche à l'Ouest d'Isles-lès-Villenoy, par un peu plus de quarante mètres d'altitude.

Son cours est de cent douze kilomètres dont dix-sept sont aujourd'hui navigables, dans un bassin de neuf cent huit kilomètres carrés. Il débite aux eaux ordinaires 2.500 litres par seconde, à l'étiage 2.000 et aux eaux les plus basses 1.300 litres (1).

Le comté de Crécy était encore arrosé par les rûs suivants : de Dammeron, de Saint-Martin, de Dainville, de Misère, de Lochy grossi de la Sourde, de la Biche, de Vaudessart grossi des ruisseaux des Petits Étangs et la Fosse-aux-Coqs, du Mesnil ou de Champigny grossi des ruisseaux du Châlet et de Vignon, des Corbiers, des Cygnes grossi des ruisseaux de la Forêt, du Bois-de-Buis, de Dieu-l'Amant et de Fontaine-Saint-Martin, du Val, de Coupvray, des Gossets, de la Motte ou de la Folie, de la Calabre, de l'Épineuse et de l'Étang-Saint-Denis.

La ville. — Crécy faisait autrefois partie de la province de l'Ile-de-France, dans la Brie Champenoise, de la Généralité et du Parlement de Paris, du Diocèse, Élection, Coutume et Grenier à sel de Meaux.

(1) Vivien de Saint-Martin, t. III, p. 1012.

Crécy, bâti sur le terrain tertiaire inférieur, dans un beau vallon, sur la rive droite du Grand-Morin, est arrosé par cette rivière qui s'y divise en plusieurs bras et partage la ville en trois îlots. Deux de ces bras font tourner de nos jours deux moulins. La ville est traversée par la grande route de Paris à Coulommiers.

On entre dans la ville par trois ponts et autant de portes ; les portes de La Chapelle, de Meaux et de Dame Gille.

Ces portes étaient flanquées de bastion.

Un titre du 3 janvier 1647 nous apprend, qu'avant cette époque, il y avait à Crécy une quatrième porte, appelée Marchande, qui, avec le pont qui y aboutissait, a été supprimée et détruite.

Tours. — Cette ville fort ancienne était fortifiée de doubles remparts flanqués de cinquante tours, et non de quatre-vingt-dix-neuf, comme il est dit vulgairement. Ces tours existent encore en partie avec de très bons fossés alimentés par la rivière qui environne la place de toutes parts.

Plusieurs de ces tours ont été converties en logements. Les plus remarquables sont : la tour Fallot, aujourd'hui magasin de charpentier, la Grosse Tour ou Tour des Dames ou des Minimes dont les murs sont encore parfaitement conservés.

Cette tour mesure en hauteur douze mètres environ, le mur au ras du sol mesure quatre mètres et en élévation, un mètre cinquante, escalier, dans l'épaisseur du mur, déduit.

Foires. — Crécy avait deux foires. L'une, peu importante, se tenait le premier jeudi de mai ; l'autre, bien déchue aujourd'hui, se tenait le 29 septembre, jour de

Saint-Michel, et l'on y vendait un nombre considérable de bestiaux.

Marchés. — Le marché a lieu le jeudi de chaque semaine; celui du Jeudi-Saint, remis au lendemain, était considérable.

Commerce. — Autrefois il se faisait à Crécy un grand commerce de laines, la ville possédait de nombreuses tanneries; aujourd'hui le commerce de laines et les tanneries ont à peu près complètement disparu. Le commerce des bois a également diminué, jadis des bois de toutes essences étaient déposés sur le port à la porte Dame Gille et étaient transportés à Paris, par eau.

Moulins. — En 1748, le domaine de Crécy possédait cinq moulins réputés sur la rivière du Morin.

Plusieurs seigneurs ayant transformé leurs moulins à huile et à draps en moulins à blé, notamment celui de Serbonne, le roi, seigneur suzerain de Crécy, leur contesta ce droit.

En 1620, le comté possédait les moulins de Crécy, Tigeaux, Arnoul ou du Pont-aux-Dames, Premal, Villiers-sur-Morin, Orvaux et de La Saux (1).

La paroisse de Crécy, bornée à l'enceinte de la ville, sans aucun territoire extérieur, n'a qu'une étendue superficielle de dix-huit à dix-neuf hectares.

Sa population en 1829 était de 1.049 âmes, elle s'est abaissée en 1892 à 885 habitants.

Crécy était limité au Nord-Est, au Nord et à l'Ouest par la paroisse de La Chapelle; au Sud et au Sud-Est par la paroisse de Saint-Martin sur Crécy, devenue de nos jours la commune de Voulangis.

(1) Arch. de Seine-et-Marne, t. III, S. E., pp. 5 et 9.

Crécy possède de belles promenades, plantées d'arbres, qui forment une grande avenue avec deux contre-allées.

Ces promenades, situées aux portes de la ville, sont sur le territoire de La Chapelle.

L'Hôtel de ville, qui est fort ancien, n'a de remarquable qu'une tour qui servait autrefois de prison; c'était déjà, en 1829, l'auditoire de la justice de paix.

Armes de Crécy. — Nous ignorons quelles ont pu être les armes de Crécy; nulle part nous n'en avons trouvé trace, et nous croyons que Crécy n'a jamais eu d'armes à lui, en propre. Dans les grandes cérémonies, il portait, sans doute, les armes de ses divers comtes.

Nous savons que les armes de Crécy, en Picardie, sont : d'azur à trois croissants entrelacés d'argent.

Nous supposons que Crécy-en-Brie, n'ayant pas d'armes à lui, a emprunté celles de Crécy en Picardie.

Forêt. — Crécy a donné son nom à une forêt qui dépendait de l'ancien domaine royal et qui est située à quatre mille mètres environ, vers le Sud, de cette ville.

Cette forêt est traversée par la route royale de troisième classe de Fontainebleau à Soissons; elle s'étend dans l'arrondissement de Coulommiers; elle contient près de cinq mille hectares de bois. Deux mille six cent cinq hectares d'un seul morceau provenant de l'ancien domaine royal appartenaient, en 1830, à mademoiselle Adélaïde d'Orléans, sœur du roi Louis-Philippe; sept cent quarante-neuf, provenant en majeure partie des abbayes de Faremoutiers, Pont-aux-Dames et Saint-Denis faisaient partie, en 1830, du domaine de l'État; quatorze hectares appartiennent à l'hospice de Crécy; et le surplus à des particuliers parmi lesquels M. le marquis de Mun, propriétaire à Lumigny; M. le comte Beker, pair de France et propriétaire du château de la Houssaye ; M. le Bars du Plessis, propriétaire au château de la Fortelle à Neufmoutier, M. de Ponty de Sainte-Avoie, et M. le comte François de Nantes, propriétaire aux Tournelles, commune de Haute-Feuille.

Depuis 1830, bon nombre de ces bois ont changé de propriétaires.

Un embranchement de route conduit de la ville à la forêt de Crécy, où il a son point de rencontre à la Belle-Idée avec la route dont il vient d'être parlé (1).

Culture. — Les terres qui forment aujourd'hui le canton de Crécy sont fertiles et généralement bien cultivées. On y récolte blé, avoine, seigle, betteraves, pommes de terre et excellents fourrages. Tous les arbres du bassin de la Seine et de la Marne se plaisent en ce pays : pommiers, poiriers, pruniers, noyers, pêchers. La vigne s'y plaît moins, et le raisin y mûrit mal ; le vin du pays est très médiocre, mais le cidre y est excellent.

Animaux. — Les vaches laitières, grâce à la supériorité des herbages, donnent un lait supérieur avec lequel on fait notre incomparable fromage de Brie, surnommé, à si juste titre, le roi des fromages.

Les autres animaux sont : le cheval, l'âne, le mouton et la chèvre.

Poisson. — Le poisson, qui est abondant dans la Marne et le Morin, attire dans ce pays une foule de pêcheurs parisiens, dont plusieurs se fixent dans les villages riverains des rivières.

Le canton possède quelques moulins, des scieries, des tuileries, des fabriques de plâtre et quelques

(1) Michelin, *Essais historiques sur le département de Seine-et-Marne*, pp. 628 à 641.

carrières de pierres à bâtir. Il possédait autrefois plusieurs tanneries.

Hypogée. — Les premiers habitants du pays de Crécy dont on retrouve la trace, vivaient, peut-on croire, vingt ans avant l'ère chrétienne, puisque, près de Crécy, on a découvert un hypogée (tombeau souterrain), remarquable par l'absence de tout objet métallique et la présence d'objets taillés en os et en pierre, c'est-à-dire en l'âge de pierre.

Crécy est situé dans l'ancien pays des Suessons qui, sous Auguste, dans l'empire romain (31 ans avant J.-C. et 297 ans après J.-C.), fit partie de la province de Belgique et de la Belgique IIe sous Dioclétien (297-376), elle était comprise dans le royaume de Cambrai après la fondation de l'empire des Huns (376-554) et dans la Neustrie depuis la destruction de l'empire des Ostrogoths jusqu'à la mort de Charlemagne (554-814).

Les seigneurs comtes de Crécy. — Guy de Montlhéry, comte de Rochefort, Ier du nom, seigneur de Gournay-sur-Marne et grand sénéchal de France, surnommé le Rouge, eut deux femmes.

Élisabeth. — La première fut Élisabeth ou Isabeau, fille de Hilduin III, seigneur de Montdidier en 1030, comtesse de Crécy, et veuve de Bouchard II, sixième comte de Corbeil, dont elle avait eu quatre filles et deux fils.

Le premier fils de Bouchard II et d'Élisabeth fut Guy II, comte de Rochefort, décédé sans lignée.

Hugues. — Le second fut Hugues, comte de Crécy, seigneur de Gournay, de Pomponne et de Châteaufort, grand sénéchal de France, qui mourut sans enfants après s'être fait moine en l'abbaye de Cluny.

Béatrix. — La quatrième fille de Bouchard II et

d'Élisabeth fut Béatrix de Rochefort ou de Montlhéry qui hérita de la terre de Crécy par la possession monastique de Hugues de Crécy son frère.

Béatrix avait épousé, en premières noces, Manassès, seigneur de Tournan-en-Brie, et en secondes noces, Dreux, seigneur de Pierrefonds, dont elle eut, entre autres enfants, Ade de Pierrefonds.

Ade. — Nous ne connaissons pas de seigneurs de Crécy avant Élisabeth, Hugues, Béatrix et Ade.

Jean le Féron, dans son histoire de Coucy, fait descendre la maison de Châtillon d'un Mathieu, connétable de France, qui aurait été seigneur de Crécy et de Châtillon au temps du roi Louis le Jeune (1137-1180). Cette opinion ne mérite aucune créance puisque nous allons voir, qu'en ce même temps, la seigneurie de Crécy entrait, par alliance, dans la maison de Châtillon.

Gaucher II de Châtillon. — Gaucher de Châtillon, IIe du nom, comte de Saint-Paul, seigneur de Châtillon, de Troissy, de Montjay, de Crécy, de Pierrefonds, d'Encre, de Pont-Sainte-Maxence, et de Broigny, sénéchal de Bourgogne et bouteiller de Champagne, épousa Ade de Pierrefonds, fille de Dreux, seigneur de Pierrefonds, et de Béatrix de Rochefort, héritière de la terre de Crécy-en-Brie.

C'est par ce mariage que Crécy vint en la maison de Châtillon.

Maison de Châtillon. — Parmi les diverses familles nobles qui ont porté le surnom de Châtillon, la plus illustre est celle de Châtillon-sur-Marne, au comté de Champagne. Les membres de cette famille furent honorés des plus hautes charges et dignités de la couronne et firent souvent des alliances avec la maison royale et les plus illustres familles de France et de l'étranger. Ils ont possédé la principauté d'Antioche, dans le Levant, le duché de Bretagne en France, celui de Gueldres en Allemagne et une infinité de belles et riches baronnies.

Les armes de Châtillon sont de gueules à trois pals de vair, au chef d'or; cimier, un dragon de gueules; tenants, deux lions d'or.

Dîme de Fresnes. — Gaucher et Ade sa femme concédèrent vers 1140 à l'abbé et aux moines de Saint-Faron de Meaux, la moitié de la grande et petite dîme de Fresnes, tenue d'eux en fief, à cause de la seigneurie de Montjay, et la troisième partie de l'église du lieu.

Cet acte fut passé à Épernay, en présence du comte Thibauld, de ses fils et de plusieurs autres grands seigneurs.

Malgré ces actes de piété, Gaucher, retranché dans son château-fort de Montjay, désolait le pays voisin par ses violences et ses rapines. Louis le Jeune fut, en 1142, obligé de venir lui-même, à la tête d'une armée, mettre le siège devant Montjay. Le château fut pris, rasé et la tour seule resta debout.

Crécy fortifié. — Gaucher II se retira alors à Crécy dont il éleva les fortifications.

Après avoir fait plusieurs dons aux églises et aux monastères, Gaucher suivit son roi en Terre Sainte. Il fut tué par les Sarrasins en passant la montagne de Laodicée mineure, le 19 janvier 1147.

Guy II. — Guy II, fils aîné de Gaucher II et de Ade de Pierrefonds, seigneur de Châtillon, de Troissy, de Montjay et de Crécy, succéda à son père.

Il épousa Alix de Montmorency, fille de Mathieu, seigneur de Montmorency, connétable de France, et d'Alix de Savoie, reine de France, veuve du roi Louis le Gros.

Sous le règne de Henri Ier le Libéral (1152 à 1181), dans le *Feoda Campanie*, parmi les *Castella jurabilia et reddibilia et domus similiter* figure *Creciacum* (1).

Dons divers de Guy II. — Après 1162, Guy II fit divers dons aux Prieurés de Notre-Dame de Gournay et de Saint-Martin du Vieux Crécy, membres dépendants du Prieuré de Saint-Martin-des-Champs de Paris.

Par une charte de 1166, dans laquelle il est dénommé Guy de Montjay, il donna à l'église de Gournay la dîme de certains bois essartés entre la terre de Montjay et la paroisse de Horcor. Plus tard, en 1168 et 1170, il confirma à l'église Saint-Martin de Crécy le péage de la terre de Crécy qui avait été donné quelques années auparavant par Béatrix, dame de Crécy et de Pierrefonds, son aïeule maternelle.

Guy II aima fort les gens de lettres; Guict de Provens le cite en sa Bible et dit avoir été l'objet de ses libéralités. Guy mourut vers 1170. Il eut neuf enfants, dont l'aîné Gaucher III de Châtillon lui succéda.

Gaucher III. — Gaucher de Châtillon, troisième du nom, comte de Saint-Paul, seigneur de Châtillon, de Troissy, de Montjay, de Crécy, de Pierrefonds, d'Encre, de Pont-Sainte-Maxence et de Broigny, sénéchal de Bourgogne et bouteiller de Champagne, fut la tige des comtes de Saint-Paul, de Blois, de Chartres et de Penthièvre.

Le Vicomte. — La dignité de comte étant devenue héréditaire et les comtes étant souvent à la guerre,

(1) D'Arbois de Jubainville, *Les Comtes de Champagne*, t. II, p. XIII.

près du roi, il devint nécessaire de créer des officiers représentant le comte pendant ses absences. Crécy possédait un vicomte en 1177. En effet, en cette année 1177, Simon, évêque de Meaux, faisait savoir à tous présents et à venir que Pierre, vicomte de Crécy, avaït vendu aux religieuses de Noëfort la terre de Montdenys qu'il avait achetée de Gérard de Brégy (1).

Gaucher III fut un des plus puissants et renommés seigneurs de la maison de Chatillon. Il prit la croix, suivit Philippe-Auguste et Richard Cœur de Lion en Terre Sainte, et se trouva en 1191 au siège d'Acre. De retour en France, il fut nommé sénéchal de Bourgogne en 1193 et, quelque temps après, Thibauld III le nomma bouteiller de Champagne.

Clichy-la-Garenne. — Vers ce temps, il céda au roi Philippe-Auguste Clichy-la-Garenne et autres terres contre la châtellenie de Pierrefonds.

Rosay, Magny et Jossigny. — En 1196, il octroya à l'abbaye de Sainte-Geneviève la gruerie qu'il avait en tous les bois et territoires de Rosay, Magny et Jossigny, pièces dépendantes de cette grande abbaye. Dans la charte de ce don, il est parlé de Elisabeth de Saint-Paul (1196), femme de notre Gaucher III, fille aînée et principale héritière de Hugues Cardevese, comte de Saint-Paul.

Comte de Saint-Paul. — Plus tard vinrent en la maison de Châtillon, le comté de Saint-Paul avec les seigneuries d'Encre et de Verneuil, depuis marquisats de Luceu, de Pont-Sainte-Maxence et autres lieux.

Dans le premier livre des vassaux de Champagne, année 1201, nous lisons : *Galcherus de Castellione*

(1) Dom Toussaints Du Plessis, *Hist. de l'église de Meaux*, t. I, p. 155 et t. II, p. 64.

tenet Creciacum a comite Campanie et est ci juratus (1).

Fresnes. — En 1203, Gaucher III, avec l'assentiment de sa femme Elisabeth et de ses enfants, confirma à l'église de Saint-Faron la dîme de Fresnes qui était de son fief.

Il prit part à la conquête de la Normandie, enlevée au roi Jean Sans Terre, et fut l'un de ceux qui signèrent le traité de la reddition de Rouen.

Par divers dons, il contribua à l'édification de la grande église Notre-Dame de Paris. La mort de Hugues comte de Saint-Paul, beau-père de Gaucher III, donna en 1206 à notre comte le Comté de Saint-Paul.

Annet. — En ce temps, un accord intervint entre Gaucher et l'église Saint-Martin-des-Champs, touchant certaines coutumes et redevances que notre comte revendiquait sur les habitants d'Annet.

En 1209, lors de la guerre contre les Albigeois, Gaucher se croisa pour aller combattre Raymond, comte de Toulouse.

Tous les historiens témoignèrent que le jour de la bataille de Bouvines, 27 juillet 1214, Gaucher fit des merveilles et lui attribuèrent le principal honneur de cette victoire.

Mauressart. — Gaucher III reçut, en 1215, le village de Mauressart, voisin de Crécy, en son avouerie et protection, à la prière de Barthélemy, abbé de Saint-Martin de Pontoise, qui le pressait d'y exercer toute justice.

Sur la fin de l'année 1215, en janvier, Blanche, comtesse de Champagne, permit à Gaucher de prendre, tous les jours, et cela pendant tout le temps que lui

(1) D'Arbois de Jubainville, *Les Comtes de Champagne*, t. II, p. XXII, n° 83.

ou la comtesse Elisabeth sa femme séjourneraient à Crécy, trois charretées de bois mort et vif en la forêt de Mahant, sans toutefois que par là, il ne pût jamais revendiquer aucun droit ou usage en la dite forêt.

Saint-Georges. — En 1216, Gaucher III fit bâtir à Crécy, pour le service de son château, une simple chapelle, dédiée à saint Georges et qui, plus tard, devint l'église de Crécy.

En 1219, Gaucher se croisa pour la troisième fois contre les Albigeois et mourut pendant cette croisade. Le successeur de Gaucher III fut son dernier fils, Hugues de Châtellon, premier du nom.

En septembre 1219, Blanche fonda dans l'église Saint-Georges de Crécy une chapellenie pour le repos de l'âme de Gaucher III (1).

Les Vassaux.

Le livre des Vassaux sous le règne de Henri Ier (1172-1222) donne les noms suivants des différents fiefs et de leurs possesseurs dans notre pays de Crécy.

CHASTELERIE DE COLOMMERS

676. Hues de La Chapelle, liges et II mois de garde.
711. Hugues de Montguillon. Li fiez est sa maison forz de Montguillon.
712. Aubert de Montomer. Li fiez est sa maisons de Montomer.

(1) D'Arbois de Jubainville, *Les Comtes de Champagne*, t. V, p. 146, n° 1323.

713. Pierre de Buci (Biercy). A Roi le parfont.

714. Gilebertz de Bello (Bellou) : Perres de Cornillon. Li fiez est V muis d'avène à Botonni (Bautigny) et 1 molin à Mels.

717. Le visdame de Creci et de la Chapelle. Li fiez est à Creci et à La Chapelle.

718. Estenes de Maigni (Magny-le-Hongre), liges et II mois de garde. Li fiez est quant qu'il a à Magni.

725. Paiens de Noancorte, liges de ce qu'il a à Noancorte et tient la maison de Chezi (Chessy) et l'autre fié.

726. Jehans de Laigni (Lagny), liges.

729. Renauz de Vilers (Villiers-sur-Morin), liges de ce qu'il a à Saint Cyre et au la poesté.

739. Renauz de Vilers (Villiers-sur-Morin).

748. Perres de Sarrici (Sarcy), escuers est.

CHASTELERIE DE MIAUZ

763. Li sires de Creci. De Creci et plusors autres.

781. Renaus (de) Pompone, V muis d'avene à Nantuel (Nanteuil-les-Meaux) et IIII *ib*, en plait géneral de la partie de sa fame qui li fiez fu Simon de Marcilli (Marcilly) et de la partie de celui ; avene d'Uri (Huiry).

782. Jehans de Pompone, II mois de garde. Li fiez est à Saint-Germain (Saint-Germain-les-Couilly) et à Niverni (Iverny).

783. Jehans, le fils Huc de Pompone.

787. Pierres de Diville (Dainville), II mois de garde. Li fiez est à Warendes (Vareddes).

820. Li fiez Huc de Creci, liges.

824. Manesiers de Ruestel (Rutel), liges et estages. Sa meson de Ruetel et de Val Courtois (Vaucourtois).

835. Manesiers Gaars, liges à Vilers (Villiers-sur-Morin). Sa meson et ce qu'il a iluec.

839. Raouls de Buci (Bussy-Saint-Georges et Bussy-Saint-Martin). Ce qu'il a à Saint-Fiacre et à Charni (Charny).

841. Huc de Mont-à-Guillon, liges et sa meson de Montaguillon (Montguillon).

842. Guilliaumes de Maigni (Magny), liges. Maigni et sa meson fort de Maigni (Magny-le-Hongre).

858. Manesiers de Ville-Maior (Villemareuil).

872. Menesiers Li Gordes de Sanci (Sancy), garde.

875. Tibaus de Ville-meroi (Villemareuil), liges deu fié de Saint-Fiacre et garde.

876. Guis de a Moles, liges deu fié de Sarcies (Sarcy).

877. Robins de Vilers (Villiers-sur-Morin), liges.

889. Helisanz deu Plaissie (Plessis), lige de Montdomer (Montomer).

903. Aubert de Mont*omeri* (Montomer). La meson de Mont-*Omeri* et les prez et les moulins de Coilli (Couilly).

905. Gautiers de Cortevrot (Coutevroult), liges et sa meson fort de Cortevrot.

908. Gautiers de Moresart (Mortcerf). La meson deu Val de Copevrès (Coupvray).

909. Li hers Pierres de Vilers (Villiers-sur-Morin), et ce qu'il a à Copevrès.

910. Huc de Cornillum (Cornillon), liges et estage toz jors. et Quinci (Quincy-Segy), et la meson et la terre de Cornillum.

911. Manesiers de Colummes (Coulommes), liges de II fiez et garde. La foz meson de Colummes et le repeire de Corrijer et la vigne de Saint-Pierre de laquele li Templier tiennent la moitié qu'il aquistrent au tans de ce conte.

912. Manesiers de Sanci (Sancy), garde. Sa meson de Sanci.

913. Bouchars de Sanci (Sancy). La terre de Charmentré (Charmentray).

915. Pierres de Montion (Monthyon), liges et garde. A Montion et tote la terre de Lueton (Luttin).

916. Manesiers de Villemerée (Villemareuil), liges et garde de ce qu'il a à Villemerée et le four de Miauz (Meaux).

935. Berthelemius de la Porte de Saint Melor (1). A Ville-Meruel (Villemareuil), et à Mancigni (Mancigny).

942. Rogers de Beillou (Bellou), II mois de garde.

955. Helisanz deu Plaissie (Plessis), liges de Mont-Omer (Montomer).

969. Manesiers Ligordes de Sancy, garde (2).

Hugues Ier. — Hugues Ier fut comte de Saint-Paul et de Blois, seigneur de Châtillon, de Troissy, de Crécy, d'Avesne, de Guise, de Leuse, de Condé, de Landrecies, de Bohain et de Trelon, bouteiller de Champagne.

Armes de Châtillon. — Hugues brisa ses armes pour les différencier de son frère aîné, Guy de Châtillon

(1) La porte Saint-Melor ou Porte-Dorée était une des portes de la ville de Meaux. Elle fut rasée en 1527. Dom T. Du Plessis, *Hist. de l'église de Meaux*, t. I, p. 225.

(2) A. Longnon, *Livre des vassaux de Champagne et de Brie*, pp. 43 à 66.

qui conserva les armes de Châtillon ; il porta de gueules à trois pals de vair au chef d'or, palé d'azur. Ce fait est attesté par d'anciens sceaux, et du temps de du Chesne, les armes de Hugues étaient ainsi représentées sur les vitres de l'abbaye du Pont près Crécy.

Déclaration de Hugues Ier. — Le jeudi avant la Saint-Michel 1219, Hugues avait reçu de Blanche, comtesse de Champagne, les seigneuries de Châtillon, de Troissy, de Crécy et autres et la bouteillerie de Champagne ; il déclara ne réclamer aucun droit héréditaire ni lui ni ses hoirs, sur ces droits et dignités. Il jura aussi à la comtesse Blanche et au comte Thibauld son fils, de leur livrer, soit à l'un d'eux, soit à leur mandataire, les forteresses de Crécy, de Crèvecœur, de Moressart et de Villeneuve, situées en la châtellenie de Crécy, toutes les fois qu'il en serait requis, à condition que ces forteresses lui seraient restituées quarante jours après leur livraison, avec la même quantité de munitions à la restitution qu'à la livraison.

Permission de Blanche. — Au mois de mars 1220, Hugues reçut de la comtesse Blanche, pour lui et son frère Guy, la permission de prendre, tous les jours, deux charretées de bois mort dans la forêt de Mahaut, pour brûler en leur maison de Crécy. Cette permission était révocable à la volonté de Blanche.

En 1221, il confirma le don qu'Etienne Boell, son prévôt de Crécy, fit à l'église de Saint-Pierre de la Celle-en-Brie, de la voirie ou justice du territoire de Renqueuses, près de Mauressard.

Don sur le péage de Coulommiers. — Le comte Thibauld, devenu majeur, avait révoqué un don de quinze livres de rente que Blanche sa mère et tutrice avait assigné, à la prière de Gaucher III, sur le péage de

Coulommiers à Jean de Vertu, prêtre desservant la chapelle de Crécy. Hugues obtint de Thibauld, en 1222, la restitution de cette aumône au desservant.

Marie d'Avesnes. — Depuis longtemps veuf de N. de Bar, morte sans enfants, Hugues contracta un deuxième mariage avec Marie d'Avesnes, fille unique et héritière de Gauthier, seigneur d'Avesnes, de Guise, de Leuse, de Condé, de Landrecies, de Trélon et autres grandes terres situées au Pays-Bas et de Marguerite, comtesse propriétaire de Blois, douairière du Comté de Bourgogne et de la seigneurie d'Oisy.

Ces deux familles avec tous leurs biens se fondirent en celle de Châtillon.

Abbaye de Pont-aux-Dames. — Après leur mariage, Marie et Hugues fondèrent une abbaye de religieuses de l'ordre de Cîteaux, près le pont de Couilly, en l'évêché de Meaux. Ils en passèrent une charte, au mois d'avril 1226, avec le consentement de Pierre, évêque de Meaux, et de maître Guy, curé de Couilly. En vertu de cette charte, ils assignaient des biens et revenus suffisants pour la nourriture d'un certain nombre de Dames.

Dans cette charte il est dit : « Pour l'entretien des dites religieuses, j'ai donné du consentement de tous les hommes de Crécy, les fours du lieu à l'abbaye, de telle sorte que nul laïc demeurant à Couilly ne pourra cuire que dans les fours appartenant au monastère, et que personne ne pourra posséder de fours, si ce n'est les dites religieuses (1). »

Depuis, Marie et Hugues transférèrent cette abbaye, au village de Ruës, dépendant de la châtellenie de Crécy et alors elle fut appelée abbaye de Pont-Notre-

(1) Dom Toussaints Du Plessis, *Hist. de l'église de Meaux.* Pièces justificatives, n° CCLXXI.

Dame ou de Pont-aux-Dames. On voyait, dans le chœur de l'église, le tombeau de plusieurs seigneurs de la maison de Châtillon et, sur les vitraux, les armes brisées, sous Hugues Ier, de la maison de Châtillon.

Chapellenie. — En mai 1227, Thibauld approuva la fondation faite par Blanche, sa mère, d'une chapellenie pour le repos de l'âme de Gaucher III de Châtellon, comte de Saint-Paul (1).

Guy de Châtillon, comte de Saint-Paul, frère aîné de Hugues, étant mort, celui-ci devint comte de Saint-Paul et en prit le titre. En effet, par une sentence arbitrale de 1228, rendue à Meaux par G. Godefroy, archidiacre de Brie, et maître André, chanoine de Laon, Hugues fut maintenu en possession du patronage d'une chapelle fondée en l'église de Crécy, contre Gimond, doyen de l'église de Meaux et dans cette sentence il est qualifié Hugues de Châtillon, comte de Saint-Paul (2).

En une autre charte du mois de décembre de la même année, il donna aussi sous cette qualité, à Thomas de Coucy, soixante livres de terres provinoises en ses censives de Crécy.

Hugues fut un des princes et barons de France confédérés contre la reine Blanche, mère de saint Louis, régente du royaume, mais il fut un des premiers qui rentrèrent dans le devoir.

Au mois d'avril 1231, avec le consentement de Marie, son épouse, il approuva et confirma tous les dons qu'il avait faits à l'abbaye du Pont, aussi bien avant qu'après être devenu comte de Saint-Paul, et il autorisa toutes

(1) D'Arbois de Jubainville, *Les comtes de Champagne*, t. V, p. 237, n° 1753.

(2) Teulet, *Layettes*, t. II, p. 145.

les réquisitions que les religieuses du Pont avaient faites jusqu'alors en ses fiefs et censives.

L'abbé de Saint-Denis. — Ensuite, il déchargea l'abbé de Saint-Denis en France, de tous les droits et usages revendiqués par ses hommes et hôtes de la paroisse de Guérard et de Chesuz et de la châtellenie de Crécy dans les bois de Morellois et de Mahaut, appartenant à l'église de Saint-Denis ; puis il assigna à ses vassaux un autre usage, à titre de dédommagement.

Mort de la comtesse Marie. — La comtesse Marie, gravement malade, fit son testament, le vendredi après le dimanche de Quasimodo 1241, mourut bientôt après et fut enterrée dans le chœur de l'église du Pont ; sa tombe consistait en une pierre avec une statue sans aucune inscription ou épitaphe.

Sentence des chanoines de Meaux. — Au mois de juillet suivant, maîtres André de Laon et Guillaume dit le Roux, chanoines de Meaux, élus arbitres du différend qui existait entre le chapitre de Meaux et le comte Hugues, touchant la justice et autres droits par celui-ci prétendus sur les hommes de ce chapitre, demeurant à Vigneux, Molignon, Montpichet, Champigny, Rus, Martigny, Monceaux et Graigny, tous lieux dépendants de la Châtellenie de Crécy, prononcèrent que le seigneur de Crécy avait sur les hommes, hostes, villes et terres susdites, droit de ban, justice de sang, de vol, de meurtre, de rapt, et de fausse mesure ; aussi la justice des mêlées sans effusion de sang, dont plainte serait faite au prévost de Crécy ou à ses officiers ou bien quand les délinquants seraient personnellement surpris ; aussi le droit de mener les hommes et hostes susdits en armée, chevauchée et tournoi avec les autres hommes de sa terre qui seraient convoqués par ban et cri public ; de les contraindre à faire garde au château en temps de guerre comme tous autres de la Châtellenie ; et de contribuer avec eux aux fortifications et réparations, excepté les veuves et orphelins en âge de minorité ; et enfin de lui payer tous les ans, par chaque feu, cinq sols de monnaie courante à la fête de Saint-Denis (1).

Jehan de Crécy. — Devant Jehan, officier du fisc de Troyes, Jehan de Crécy, chevalier, a reconnu que tout ce qu'il possédait à Crencium, près de Crécy, tant en hommes, droits de justice et en toutes autres choses immobilières, avait été vendu, moyennant cent vingt livres de Provins, au seigneur Léon de Sézannes, chevalier, au nom et à la place de Thibaud, roi de Navarre, comte palatin de Champagne et de Brie. « En foi de quoi nous avons ordonné d'apposer le sceau de la curie de Crécy sur les présentes lettres. Fait l'an du Seigneur douze cent quarante-six, au mois d'août (2). »

Hugues partagea ses domaines entre ses enfants au mois de mars 1246.

Il confirma aussi, en 1247, la fondation de l'abbaye de Notre-Dame-du-Pont et tous les biens et revenus conférés par lui à cette abbaye.

Mort de Hugues Ier. — Il tomba malade lorsqu'il se préparait à suivre saint Louis dans sa première croisade et mourut, le 9 avril 1248, avant le départ du roi. Il fut enterré dans le chœur de l'église du Pont, auprès de la comtesse de Blois, son épouse.

Plusieurs auteurs lui décernèrent le surnom de Bon et de Vaillant.

(1) Du Chêne, *Hist. de la Maison de Châtillon*, pp. 99-100 ; Teulet, *Layettes*, t. II, p. 454.

(2) Teulet, *Layettes*, t. II, p. 634.

Le troisième fils de Hugues, Gaucher IV de Châtillon, lui succéda dans la seigneurie de Crécy.

Gaucher IV. — Gaucher IV de Châtillon était seigneur de Châtillon, de Crécy, de Crèvecœur, de Traissy et de Marigny.

Gaucher IV et ses descendants furent toujours parmi les premiers à la guerre et dans l'administration des hautes charges.

Toutes les autres branches de cette famille s'éteignirent successivement, mais les descendants de Gaucher IV portaient encore dignement le nom de Châtillon au temps de Du Chesne, en 1621.

Gaucher IV épousa Ysabeau de Lesignes, terre située dans le comté de Tonnerre.

Actes de Gaucher IV. — En 1250 Gaucher de Châtillon ou de Crécy composa avec l'abbé de Saint-Faron de Meaux, touchant les mainmortes de ses hommes, demeurant dans le château de Crécy.

En 1254, il confirma un accord fait par son père Hugues de Châtillon avec Mahaut, abbesse de Chelles.

En février 1255, Geoffroy de la Chapelle, chevalier, reconnut être son homme-lige pour cinquante livres tournois, au nom du fief, lesquels il lui vendit depuis pour le prix et somme de deux cents livres. En 1258 un Juif nommé Elie et sa femme s'obligèrent, par lettres, à demeurer cinq années à Crécy et à payer vingt livres de cens, par année, à Gaucher et à son épouse Ysabeau. Tel était le profit que les seigneurs tiraient alors du séjour des Juifs sur leurs terres.

En cette même année 1258, le 29 septembre, Gaucher, seigneur de Crécy, reconnut que Thibauld son suzerain, ayant cautionné le payement d'une dette, faite par lui Gaucher, aurait le droit, en cas de non payement, de se saisir du fief tenu par lui Gaucher de Châtillon (1).

En 1260, Gaucher assit aux dames du Pont quarante livrées de terre que Hugues son père leur avait données à son décès, en leur abandonnant cent soixante arpents de bois au lieu dit la forêt de Dammartin, pour quatre sols, six deniers par arpent, mais il retint, pour lui et ses hoirs, la chasse, le pommier, le poirier et l'essartage. En 1260, Gaucher et Ysabeau firent deux transactions, l'une au mois de mai, avec Thibauld, abbé de Sainte-Geneviève de Paris et les habitants d'Esbly, au sujet du vivier d'Esbly; l'autre en juillet, avec le prieur et religieux de Saint-Pierre-de-la-Celle en Brie, au sujet de la justice, haute, moyenne et basse, tant à Guérard qu'aux autres lieux appartenant au prieur de la Celle.

Chapellenie en l'église Saint-Georges. — Par lettres expédiées en novembre 1260, Gaucher et Ysabeau fondèrent en l'église de Saint-Georges de Crécy « une chapellenie en l'honneur de saint Laurent, de la valeur de vingt-cinq livres tournois, à prendre sur leur terre de Crécy »; puis le vendredi avant la fête de Sainte-Luce, au mois de décembre, ils octroyèrent aux religieuses de Pont-aux-Dames le droit d'acquérir jusqu'à soixante livrées de terres en leurs fiefs et arrière-fiefs.

Dons aux religieuses du Pont. — En 1261 Gaucher tomba malade et était près de mourir; il donna de plus, aux religieuses du Pont, « soixante livres de tournois pour achepter rentes à fira pitance chacun an, le jour que l'on ferait son anniversaire. »

Pour ces soixante livres, Isabeau, veuve de Gaucher,

(1) D'Arbois de Jubainville, *Les Comtes de Champagne*, t. V, p. 485, n° 3144.

assit depuis aux religieuses soixante sols tournois de rente à prendre, chaque année, en la censive de Crécy, le jour de Saint-Denis et avec cela, elle leur octroya de sa volonté, par lettres de février 1265, quarante autres sols de rente dessus la même censive, c'est-à-dire sur la partie des conquets qu'elle et son époux avaient faits en cinquante livres de rente achetées de Geofroy de la Chapelle. En ce temps, elle fit aussi quelques aumônes à Sebyle, abbesse de Faremoutiers, et à son église.

Le prieur de la Celle-en-Brie reconnut que la garde de son prieuré appartenait à Isabeau et à ses enfants, seigneurs de Crécy.

Gaucher V. — Gaucher V^e du nom, fils aîné de Gaucher IV, succéda à son père dans la seigneurie de Crécy ! Il était seigneur de Châtillon, de Crécy, de Crèvecœur, de Troissy et de Marigny, connétable de Champagne, puis comte de Porcéan, seigneur de Gandelu, de Rosoy, de Pont-Arsy, de Fère et de Saint-Ylliers, et connétable de France.

Une des premières actions de Gaucher V fut certaines acquisitions qu'il fit de Hue de Monguillon.

Il épousa, vers 1274, Isabeau de Dreux, fille de Robert IV, comte de Dreux et de Béatrix de Montfort. Par ce mariage Gaucher devint allié à la maison royale de France, et successivement beau-frère du roi d'Ecosse et du duc de Bretagne.

Transaction avec le couvent de Saint-Maur-des-Fossés. — En 1279, il transigea, avec l'abbé et le couvent de Saint-Maur-des-Fossés, à propos de vingt levées de taille et cinquante muids de vin que les seigneurs de Crécy prétendaient prendre, chaque année, sur les habitants de Montry, hôtes et justiciables de l'abbaye de Saint-Maur. Il fut convenu que Gaucher percevrait seulement, à l'avenir, pour tous droits et prétentions, cinq sols tournois de rente annuelle de tout homme et femme tenant feu à Montry.

Droit de l'abbé de Saint-Denis. — En 1284, l'abbé de Saint-Denis en la châtellenie de Crécy, avait droit de justice sur ses hommes de corps, y habitant (fors quand ils sont pris en forfaict) (1).

Gaucher V, connétable. — En 1284, Philippe le Bel épousa Jeanne comtesse de Champagne et héritière du royaume de Navarre; peu après il nomma Gaucher V connétable de Champagne.

Notre comte prend cette qualité dans deux lettres de 1286; l'une du mois de septembre contenant confirmation de cent sols de rente donnés à l'abbaye du Pont-aux-Dames, par Raoul de la Boissière, écuyer, et damoiselle Gille sa femme, à prendre en la taille de Montry; l'autre du mois de mars suivant portant assignation à la même abbaye de dix livrées de terre que Guy de Châtillon, son frère, avait laissé en mourant, pour la dotation d'une chapellenie.

Don aux Templiers. — En 1287, Gaucher V et Isabeau donnèrent aux Templiers de Paris deux pièces de bois, l'une de quatre-vingt-quatre arpents situés au-dessus de la Villeneuve-en-Brie, près du Tillay-Pacouart; l'autre de quatre-vingts arpents vers la Grange-aux-Malades de Crécy. Toutefois il se réservait sur ces bois la seigneurie et justice avec la chasse des grandes et petites bêtes et autres droits déclarés, par lettres du don expédiées le samedi avant la fête de Notre-Dame en septembre 1287.

Cession de Crécy à Philippe le Bel. — Philippe le

(1) Boutaric, t. I, p. 395, *Extrait du cartulaire blanc de Saint-Denis*, t. I, f° 862.

Bel, voulant établir une prévôté royale à Châtillon, demanda à Gaucher de lui en transporter la Châtellenie. Un échange fut fait entre eux, au mois de janvier 1289, par lequel Gaucher céda au roi et à Jeanne son épouse, non seulement la dite Châtellenie avec tous les fiefs en dépendant, mais encore le comté de Rancy, le château, ville et châtellenie de Crécy-en-Brie, de Crèvecœur et leurs appartenances.

Le roi lui donna en échange le comté de Porcéan avec la seigneurie de Rosoy en Thiérasche, et celle de Gandelu qu'il acheta pour le prix de deux mille livres tournois de rente. Divers titres portent que Gaucher reçut en plus la justice des maisons de Monthazein et de terres et possession de celle-ci situées au terroir de Savigny « et cent et dix livrées de terre à panre et recevoir à toujours chacun an au payement de la foire de Bar-sur-Aube par la main des receveurs son seigneur le Roy de France, ensemble autre terre à panre en la dite ville de Bar par la main desdits receveurs » pour cause du précédent échange fait entre le roi Philippe et Gaucher.

Vente de Juifs. — Par un autre mémoire, il est déclaré que Gaucher vendit aussi, à part, à Philippe, pour une grande somme d'argent, tous les Juifs de Châtillon qui alors lui appartenaient, et n'en retint seulement qu'un appelé Salomon avec sa maisnie (famille), dont le profit pouvait valoir trente livres par année. Néanmoins Gaucher se réserva la seigneurie du château de Châtillon. Ses successeurs et lui portèrent le titre de seigneurs de Châtillon et jouirent de la seigneurie du château jusqu'à Marguerite, dame de Châtillon, mariée à Pierre de Roncherolles, seigneur de Hugueille, morte en 1519. La terre de Crécy appartint à la maison de Châtillon de 1134 à 1289 soit 155 ans.

Le château abandonné. — Depuis l'échange fait entre le roi et Gaucher, le château de Crécy ne fut habité qu'accidentellement et cet abandon amena la ruine du château et des fortifications de la ville. Quelques vestiges des fortifications de ce château dont Jeanne de Navarre fit quelquefois sa résidence subsistent encore aujourd'hui. Dans le château étaient les chapelles de Notre-Dame et de Saint-Nicolas, toutes deux à la nommation du seigneur. Elles furent réunies au chapitre (1).

Mort d'Isabeau. — Isabeau de Dreux, femme de Gaucher V, mourut le 29 août 1300. Elle légua par testament aux religieuses de Pont-aux-Dames la somme « de vingt-deux livrées de terre, chacun an, pour fonder une chapellenie en leur église ». Gaucher assit cette rente partie en soixante-deux arpents de bois situés derrière la Villeneuve-Saint-Denis et partie ailleurs. Outre cela Gaucher leur donna aussi quatre-vingt-dix autres arpents de bois, situés près le bois vulgairement appelé de Laurençon.

Gaucher V devint connétable de France en 1302, et se distingua à la bataille de Mons-en-Puelle (1304) et fut, en grande partie, cause de la victoire du roi.

En 1291, un arrêt ordonna la main-levée du séquestre mis au nom du roi sur la terre de Chadeleu que le sire de Crécy (Creciaco) avait acquise par échange avec le roi (2).

Arrêt. — En 1310, un arrêt débouta Agnès de Viliers, veuve de Guillaume (l'Enfant), chevalier, d'une demande

(1) Michelin, *Essais historiques sur Seine-et-Marne*, t. II, pp. 628 à 640.

(2) Boutaric, *Ann. du Parl*, t. I, p. 269.

en cassation, pour vice de forme, d'une sentence du bailli de Crécy, sous prétexte que cette sentence n'avait pas été, conformément à la coutume du pays, prononcée par les hommes du fief de la châtellenie de Crécy (1).

En 1312, Jean de Beauvoisis, bailli du roi à Crécy, accusa Guiot Ansel de Guérard et Gilone (la Cordelette) d'avoir empoisonné le mari de la dite Gilone. Le bailli fut débouté de son accusation par des gens laïques du Roi, députés spécialement par celui-ci pour juger ces deux accusés et d'autres criminels détenus au Châtelet (2).

En 1328, Gaucher V assistait malgré son grand âge à la bataille de Mont-Cassel gagnée par le roi. Ce fut son dernier exploit.

Mort de Gaucher V. — Il mourut l'année suivante, 1329 (3).

Les rois, comtes de Crécy. — Après le roi Philippe le Bel, mort en 1314, ses successeurs Louis X, mort en 1316, Philippe V, mort en 1322, Charles IV, mort en 1328, Philippe VI, mort en 1350, Jean II, mort en 1364, Charles V, mort en 1380, Charles VI, mort en 1422, possédèrent successivement le comté de Crécy.

Séjours des rois à Crécy.

Philippe le Bel à Crécy. — Le 25 février 1302, Philippe le Bel, accompagné de la reine, vint coucher à

(1) Boutaric, *An. du Parl.*, t. II, p. 71.

(2) Boutaric, *Actes du Parlement*, 3964, t. II, p. 92.

(3) Du Chesne, *Maison de Châtillon*, pp. 330 à 351.

Lagny, et le lendemain lundi 26, coucher à Crécy (1).

Louis X à Crécy. — Louis X vint à Crécy le 18 juillet 1315, avant la fête de Sainte-Marie-Magdeleine (2).

Pendant la captivité du roi Jean, en Angleterre, Charles régent de France vint à Crécy en juin 1363 (3).

(1) M. Ménard, *Pièces fugitives, Itin. des rois de France*, t. I, p. 85.
(2) M. Ménard, *Pièces fugitives, Itin. des rois de France*, t. I, p. 87.
(3) M. Ménard, *Pièces fugitives, Itin. des rois de France*, t. I, p. 91.

CHAPITRE II

DOYENNÉ EN 1363

En 1363, sur la fin du règne de Jean II, le doyenné de Crécy était composé des cures suivantes :

Marolio prope Maldas.
Condeto Santœ Libariæ.
Esbeliaco.
Coupavrero.
Magniaco.
Bailliaco.
Villa-Nova-Cometis.
Curia-Ebrodi.
Villaribus supra Mucram.
Monteriaco.
Coulliaco.
Saint-Germain juxta Coulliacum.
Quinciaco.
Boulleria.
Colummis.
Cella.
Guerardo.

Pesargiis.
Tonquino.
Ulmellis.
Lumigniaco.
Villa-Nova *la Hurée.*
Nigella.
Brolio.
Roseto in Bria.
Venulla.
Capella Gerii.
Fontaneto.
Mella.
Crepicordio.
Domno Martino in Bria.
Moressardo et Tigellis.
Creciaco.
Capella juxta Creceacum (1).

Séjours à Crécy. — Le roi et quelques grands seigneurs firent, à cette époque, plusieurs fois séjour à Crécy. Le mercredi 14 août 1364, le roi Charles V accompagné du duc de Bourgogne, Philippe le Hardi, vint à Crécy, où il séjourna avec le duc, les 15, 16 et 17 août. Philippe le Hardi quitta le roi le dimanche 18 au matin.

Le vendredi 27 mars 1366, Philippe le Hardi, de Lagny, où il avait soupé et gîté la veille, vint à Crécy où il dîna. A ce dîner assistait madame de Bar qui, le lendemain, alla à Coulommiers avec le duc (2). Madame de Bar était Marie de France, fille du roi Jean le Bon, mariée à Robert Ier, duc de Bar.

(1) Dom Toussaints Duplessis, *Église de Meaux. Statuts synodaux*, t. II, p. 502.

(2) E. Petit, *Itinéraires de Philippe le Hardi*, pp. 12 et 25.

Le mardi 10 août 1367, Philippe le Hardi, parti de Crèvecœur, vint souper et gîter à Crécy. Il en partit le mercrdi 11 et vint souper et gîter à Meaux (1).

Blanche donne Crécy. — Le jeudi 3 juillet 1391, Blanche, fille du roi Charles le Bel et de la reine Jeanne d'Évreux, mariée à Philippe de France, duc d'Orléans, fils du roi Philppe de Valois, dûment autorisée de son mari par lettres du 25 janvier 1367, fit don au roi Charles V des villes de Crécy et Crèvecœur (2).

Par cet acte nous voyons que le comté de Crécy, tout en restant dans la maison de France, avait été donné, comme apanage, à Philippe, fils du roi et à Blanche, son épouse.

Catherine de France. — Catherine de France, neuvième enfant du roi Charles V, séjourna à Crécy en 1381. Sa dépense est ainsi établie, en date du 2 août 1381 : « en tout le mois de juillet 1381, étant devers madame de Bourbon à Saint-Marcel, par l'ordonnance du roi 100 l. p. » (Deux cents livres parisis (3).

Catherine, née le 4 février 1377, fut accordée par traité à Rupert de Bavière, ce qui n'eut pas d'effet; elle épousa à Saint-Ouen, près Paris, le 5 août 1386, par dispense du pape, Jean de Berry, comte de Montpensier, et mourut au mois d'octobre 1388. Madame de Bourbon était la belle-sœur du roi Charles V qui avait épousé Jeanne sœur du duc de Bourbon.

Fêtes. — Pendant le séjour des princes à Crécy, des fêtes furent faites pour le plaisir de la Cour ; ainsi, entre autres dépenses faites à Crécy, en 1381, nous

(1) E. Petit, *Itin. de Philippe le Hardi*, p. 40.

(2) Lemaire, Archives de Seine-et-Marne, *Relevé des documents*, p. 131.

(3) Douët d'Arc, *Comptes de l'Hôtel*, p. 174.

voyons qu'une somme d'argent fut donnée à Guillaume, capitaine des arbalétriers pour faire des butes à Crécy « pour l'esbatement du roi et de monseigneur le duc de Bourgogne (1) ».

Charles VI à Crécy. — Le roi Charles VI, en montant sur le trône en 1380, devint comte de Crécy.

Il était en cette ville en 1381, et de là envoya Jean Darizolles, chevaucheur, porter lettres à Gilles Malet, pour avoir un mouvement (d'horloge) qui devait être à Beauté (2).

Jacques du Val, secrétaire du roi, envoya, ce même jour, par ordre du roi et du duc de Bourgogne, un messager, de Crécy à Harfleur, pour avoir des nouvelles de navires anglais que l'on disait avoir été capturés en mer.

Pendant le séjour du roi à Crécy, Jacques du Val donna le 8 juillet 1381, par ordre du roi, seize s. parisis, à deux bonnes femmes qui étaient en la cave de Crécy. Le 9 juillet suivant, le roi donna 64 s. à Guillaume Guichard, habitant de Crécy, dont il avait tenu l'enfant sur les fonts baptismaux.

Il donna aussi 32 s., pour leur vin, à quatre faucheurs qui coupaient les prés du roi.

Il donnait encore 40 s. parisis à la Borgne de Meaux, prisonnière pour dettes à Crécy (3).

Bureau de la Rivière. — Le comté de Crécy fut donné par Charles VI, le 4 juin 1392, à Paris, au sire Bureau de la Rivière (4).

Bureau, sire de la Rivière, fut premier chambellan de

(1) Douët d'Arc, *Comptes de l'Hôtel*, p. 176.
(2) Douët d'Arc, *Comptes de l'Hôtel*, p. 177.
(3) Douët d'Arc, *Comptes de l'Hôtel*, p. 184, 185.
(4) Boutaric, *Carton des rois*, n° 1.920, p. 424.

Charles V, dont il gagna les bonnes grâces et à qui il rendit de grands services. Il n'eut pas moins de crédit et de faveur sous Charles VI, dont il fut aussi premier chambellan, et qui confirma et augmenta même les dons à lui faits par Charles V. Le roi lui donna à lui et à sa femme le comté de Crécy, comme aussi la châtellenie de Gournay-sur-Marne, sauf l'usufruit qui appartenait à la duchesse d'Orléans, en considération de ce qu'il lui avait appris la nouvelle de la naissance du feu Dauphin et de qu'il avait tenu le fils de Bureau sur les fonts du baptême. Ce don fut ratifié le 9 décembre 1388. Tant de grâces et de faveurs lui attirèrent la jalousie des princes et des grands du royaume qui le firent arrêter et emprisonner en 1392, pendant la maladie du roi. Il ne fut remis en liberté que le 30 janvier 1393, à condition de sortir du royaume, ce qui n'eut pas d'exécution.

Il mourut le 16 août 1400 et fut enterré en l'église de l'abbaye de Saint-Denis, aux pieds du roi Charles V, qui l'avait ainsi ordonné de son vivant (1).

Séjours princiers à Crécy. — Le roi étant à Crécy, le mardi 17 octobre, Philippe le Hardi vint l'y visiter, dîna et gîta en cette ville (2).

Philippe le Hardi vint dîner à Crécy, le samedi 26 mars, chez messire Bureau de la Rivière, qui fut chambellan des rois Charles V, Charles VI et du duc Philippe le Hardi (3).

Le jeudi 12 août 1400, Philippe le Hardi, accompagné de son fils, le duc de Nevers, plus tard Jean sans Peur, vint souper et gîter à Crécy. Ces princes y

(1) Le P. Anselme, *Histoire de la Maison de France*, t. VIII, p. 896.
(2) E. Petit, *Itin. de Philippe le Hardi*, p. 30.
(3) E. Petit, *Itin. de Philippe le Hardi*, p. 92.

séjournèrent toute la journée du lendemain 13 août, et s'en allèrent le 14 dîner à Chelles-Sainte-Baudour. Philippe le Hardi et son fils revinrent, le 23 août 1700, à Crécy, où ils dînèrent et couchèrent, ils séjournèrent à Crécy toute la journée du 24 août et, ce jour, Philippe donna à dîner au prince de Tarente, Charles d'Anjou, fils de Louis Ier, duc d'Anjou. Philippe resta toute la journée du mercredi 25 août, et le duc de Nevers partit, ce même jour, vers madame la duchesse de Nevers au château de Beauté. Le mardi 31 août, Philippe le Hardi et son fils dînèrent à Marles et vinrent souper et gîter à Crécy. Ce même jour, le duc de Nevers alla à Brie-Comte-Robert, assister à la passe d'armes d'Oghier de Nantouillet, premier écuyer du duc d'Orléans, avec un Anglais (1).

Les ducs séjournèrent à Crécy les 1er et 2 septembre. Le vendredi 3 septembre, monseigneur d'Orléans et monseigneur de Clermont vinrent à Crécy dîner en l'hôtel de Philippe le Hardi.

Le duc d'Orléans était Louis de France, frère de Charles VI, d'abord comte de Valois, puis duc de Touraine.

Le comte Jean de Clermont, fils de Louis duc de Bourbon, mort en Angleterre en 1433, avait été fiancé à Bonne de Bourgogne, fille de Philippe le Hardi (2).

Maladies. — Les maladies sévissaient dans le comté de Crécy pendant les premiers mois de l'année 1400. La reine Isabeau, alors à Paris, à l'hôtel Saint-Paul, envoya le samedi 1er janvier 1400 (hastivement toute la nuit) Jehan le Charron porter des lettres de la reine au receveur de Crécy, pour savoir s'il n'y avait pas de

(1) E. Petit, *Itin. de Philippe le Hardi*, p. 302.
(2) E. Petit, *Itin. de Philippe le Hardi*, p. 303.

mortalité dans le comté. Le messager reçut pour son voyage, aller et retour, dix-huit sols parisis.

Le samedi 8 janvier suivant, la reine encore à Paris, à l'hôtel Saint-Paul, envoyant à Crécy le même messager pour le même objet. Celui-ci reçut encore dix-huit sols parisis pour son voyage, aller et retour (1).

Les maladies sévissaient encore au mois d'avril 1400, puisque Guiot Clergeau fut envoyé par deux fois (toute nuit) à Crécy et à Saint-Fiacre en Brie, savoir s'il n'y avait pas de mortalité en ces paroisses. Pour ce voyage il reçut le jeudi 4 avril trente-deux sols parisis (2). Puis au mois de juin 1401, Gaston de Besanton fut envoyé « porter lectres au receveur de Crécy; pour ce et son retour à court, samedi, un jour de juing, la reine à Saint-Pol. » (Argent 16[3] p.)

Louis d'Orléans. — Louis, duc d'Orléans, possédait le comté de Crécy en 1404. En effet, nous possédons des lettres datées du 9 juin 1404, par lesquelles Louis assigne pour douaire à Isabelle de France, sa nièce, à l'occasion de son mariage avec Charles, comte d'Angoulême, six mille livres de rente sur la châtellenie de Crécy-en-Brie (3).

Isabelle de France, fille de Charles VI et d'Isabeau de Bavière, fut accordée en mariage à Richard, roi d'Angleterre, le 9 mars 1395. Après la mort de Richard, elle revint en France et fut mariée à Compiègne, le 29 juin 1406 à Charles, comte d'Angoulême, puis d'Orléans.

Isabelle mourut le 3 septembre 1409.

Guerre civile. — Pendant la terrible guerre civile

(1) Douët d'Arcq, *Comptes de l'Hôtel*, pp. 143, 144.
(2) Douët d'Arcq, *Comptes de l'Hôtel*, p. 146.
(3) Boutaric, *Carton des Rois*, n° 1812, p. 428.

que se faisaient les Armagnacs et les Bourguignons, Jean-sans-Peur, à qui l'entrée de Paris était interdite, se campa à Lagny qu'il occupa pendant dix semaines. Devant le mécontentement de ses soldats, il leur abandonna, le 5 février 1415, le pillage de la ville et leur enjoignit de décamper. Ceux-ci furent poursuivis par les mercenaires du roi qui en tuèrent un grand nombre (1). Juvénal des Ursins dit : « Jean avait perdu à Crécy-en-Brie bien quatre cents de ses hommes que les autres avaient trouvés à découvert, tous dépourvus de gardes, lesquels ne furent guère plaints (2). »

Isabeau de Bavière, comtesse de Crécy. — Henri roi d'Angleterre, qui prenait également le titre de roi de France, donna le 22 février 1427, entre autres dons, à Isabeau de Bavière, veuve de Charles VI, les villes de Brie-Comte-Robert et de Crécy (3).

Charles VII. — Charles VII avait succédé à Charles VI, son père. Ce prince va mettre un terme aux malheurs de la France, la victoire revient sous les drapeaux du roi et fait oublier les désastres de Crécy en Picardie, de Poitiers et d'Azincourt.

Jeanne d'Arc. — Jeanne d'Arc apparaît, délivre Orléans, remporte une victoire éclatante à Patay, fait prisonniers les généraux anglais Suffolk et Talbot, et à travers un pays occupé par l'ennemi, conduit le roi à Reims recevoir le sacre.

Soumission de Crécy. — Toute la contrée se soumettait à l'envi (1429) et nombre de villes envoyaient au roi l'assurance de leur obéissance. Parmi celles-ci se trouvait Crécy-en-Brie. « De là s'en alla à Soissons qui se

(1) E. de Monstrelet, t. I, ch. CLX.
(2) Juvénal des Ursins, *Histoire de Charles VI.*
(3) L'abbé Lebœuf, t. V, p. 267.

mit en l'obéissance du roy et y séjourna deux ou trois jours avec son ost. Et lui fut rendu Chasteau-Tierry, Provins, Colomiers, Cressy en Brie et plusieurs autres forteresses (1). »

A lui se rendirent aussi, tout à coup, en ung mouvement, Chasteau-Thierry, Provins, Cressy et d'autres villes largement (2).

Levée du siège de Lagny. — Après le ravitaillement de Lagny (1432) les Français, sous la conduite de Gaucourt, au lieu d'attaquer l'armée anglaise, se dirigèrent en dépassant Meaux, alors au pouvoir des Anglais, par Crécy où ils logèrent, sur Château-Thierry. Là, ils passèrent la Marne et s'avancèrent sur Paris. C'était le meilleur moyen de dégager Lagny. En effet, à cette nouvelle, les Anglais abandonnèrent le siège de Lagny, pour porter secours à la capitale (3).

Au mois d'août 1429, Charles VII vint à Crécy au devant des Anglais qui occupaient Mitry. Il n'y eut pas d'action générale, mais de simples escarmouches.

> Après le roi vint à Cressy
> Et seut de vray que les Anglois
> Si estoient venuz à Mechy
> Pour lors combattre les François (4).

En 1437, Jean de Malestroit, sur l'ordre du connétable de Richemont avec ses gens et la garnison de Lagny commandée par Mahé-Morillon et Jean Foucaut, allèrent donner l'assaut au château de Beauvoir (5), et

(1) Quicherat, *Procès de Jeanne*, t. IV, p. 189.
(2) Martial d'Auvergnes, *Vigiles de Charles VII.*
(3) Monstrelet, t. V, p. 34.
(4) Quicherat, *Procès de Jeanne; Vigiles de Charles VII*, t. V, p. 68.
(5) Seine-et-Marne, arrondissement de Melun, canton de Mormant.

« s'y rendirent aussi le commandeur de Giresme et Denis de Chailly ». Miles de Saulx « le plus fort larron, bouteux de feus, et de tout autre malefice qui fust en France ny en Normandie, se défendit avec acharnement, jusqu'à l'épuisement complet de ses munitions, enfin il se rendit. » Il fut décapité à Paris le 10 avril 1437 (1).

Denis de Chailly. — Denis de Chailly, fils de Guillaume de Chailly, avait en 1438 la garde de Crécy. En effet, dans un extrait du compte de Guillaume Rifrault, clerc des comptes, nous lisons : A Messire Denis de Chailly, bailli de Meaux, capitaine des villes et châteaux de Melun, Moret, Crécy et Coulommiers, pour la garde des dites villes et chasteaux pour un an du 1er juillet 1438.

vj**xiij l. t. vjs. viiij d.
sur iiij m l. t. (2).

Par un *videmus* des lettres du roi Charles VII, en date de 1422, le roi déclare vouloir que le roi de Chailly, son chambellan, bailli de Meaux, tienne la ville de Crécy et jouisse du revenu jusqu'à ce qu'il lui ait payé, à une fois, la somme de 2.000 livres (3).

Denis de Chailly enleva plusieurs places aux Anglais, notamment la ville et le château de Crécy-en-Brie dont il fut nommé capitaine et qu'il défendit contre les Anglais occupant la ville de Meaux. Il ravitailla Lagny-sur-Marne, assiégé par les Anglais, et prit le château de Chinon-sur-Loire, près Nevers, que, sur l'ordre du roi, il livra au connétable de Richemont. Il devint conseiller et chambellan du roy, bailli de Meaux, et

(1) G. Gruel, *Histoire d'Artus de Richemont*, p. 130.
(2) G. Gruel, *Chr. d'Artus de Richemont*, p. 256.
(3) Arch. de S.-et-M., *Relevé des Documents*, p. 98, no 378.

Charles VII pour le récompenser de ses éclatants services lui donna, le 10 avril 1441, tous les revenus de la terre et seigneurie de Crécy dont il conserva la garde (1).

Tentative sur Meaux. — Dans les premiers mois de 1439, Jehan Foucault, capitaine de Lagny, tenta, avec l'aide de Denis de Chailly, d'enlever aux Anglais la ville de Meaux. Cette entreprise échoua par la trahison d'un certain Jean Gon, qui obtint du roi d'Angleterre, le 26 octobre 1439, une lettre de rémission pour sa participation à cette affaire (2).

Donation à Denis de Chailly. — On possède la copie de la donation par Charles VII, roi de France, à Denis, seigneur de Chailly, son chambellan, bailli de Meaux, etc., pendant sa vie, de l'office de garde et capitaine de Crécy-en-Brie, avec les revenus et émoluments de la seigneurie. « Pour acquitter la loyauté, les biens qu'il a perdus, la réduction en l'obéissance royale du chastel de Crécy, occupé par les Anglais, pour son pourchas a aussy réduit en la même obéissance plusieurs aultres villes et II^{m} (2.000) livres tournoys à luy deubes, tant pour somme avancée par luy pour envitailler la ville de Lagny-sur-Marne, pendant le siège des Anglais et en oultre II^{c} (200) moutons d'or et III^{c} (300) francs ; les II^{c} moutons, en récompense du chastel de Chinon, par luy conquis sur les Anglais, où il a grandement dépensé du sien et qu'il bailla, sur le commandement royal, au comte de Richemont, connestable de France ; et les III^{c} payés du sien, pour la recouvrance de plusieurs aultres places. Pour ses grands, bons et louables, continuels et recomman-

(1) G. Gruel, *Chr. d'Artus de Richemont*, pp. 130, 131.

(2) G. Gruel, *Chr. d'Artus de Richemont*, p. 164.

dables (services), sans avoir eu du roy aulcune récompense et les grandes pertes et dommaiges qu'il a supportés », etc. (1).

Échange entre Louis XI et A. de Chabannes. — Le roi Louis XI fit, en 1466, l'échange suivant avec Antoine de Chabannes, seigneur de Saint-Fargeau, etc., puis comte de Dammartin à cause de sa femme Marguerite de Nanteuil, comtesse de Dammartin. Le roi donna au comte le château de Blaquefort en Médoc (contre tout domaine et souveraineté que celui-ci avait en les villes de Gonesse, Gournay-sur-Marne et Crécy-en-Brie) (2).

A. de Chabannes. — Antoine de Chabannes, conseiller et chambellan du roi, était né en 1411. Il fut fait prisonnier à la bataille de Verneuil (1424) où il se trouvait comme page de La Hire. Il s'attacha au roi Charles VII qui, en récompense de ses services, le fit grand pannetier de France. Ses soldats, à cause de leurs brigandages dans le Cambraisis et le Hainaut, méritèrent le nom d'Écorcheurs. Il était près du connétable de Richemont, au siége et à la prise de Meaux, en 1439.

Tombé dans la disgrâce du roi Louis XI il fut, en 1463, condamné au bannissement, mais il fut seulement enfermé à la Bastille d'où il s'échappa l'année suivante et gagna la Bretagne.

Quelque temps après il se jeta contre le roi dans la Ligue du Bien Public. Enfin il rentra dans les bonnes grâces du roi qui lui donna, en 1469, la charge de grand-maître de France et le fit chevalier de l'ordre de Saint-Michel. Il rendit encore de grands services au roi,

(1) Lemaire, Archives de Seine-et-Marne, supplément à la série E, t. III, p. 116.

(2) B. de Mandrot, *Journal de Jean de Roye*, t. I, p. 154.

secourut la ville de Beauvais assiégée par le duc de Bourgogne, et devint gouverneur de Paris.

En 1475, Chabannes, en vertu d'un arrêt donné à son profit en cour du Parlement, eut main-levée d'un arrêt rendu contre lui en 1463 et fut réintégré en possession de ses terres et seigneuries à Dammartin, Saint-Fargeau, Saint-Maurice sur l'Averon, Thoucy, Moret, Crécy et autres (1).

Antoine de Chabannes mourut le 25 décembre 1488, âgé de soixante-dix-sept ans.

Jean de Chabannes. — Jean de Chabannes, fils d'Antoine, mourut avant 1503, ne laissant que des filles.

(1) B. de Mandrot, *Chronique scandaleuse*, t. II, p. 341.

CHAPITRE III

LES FIEFS EN 1539

Par une ordonnance donnée à Compiègne, le 15 octobre 1539, publiée et lue en Parlement, le 14 janvier 1539, et publiée à Meaux le 9 janvier de la même année, le roi obligea, pour fixer l'impôt, toutes personnes « d'envoyer par déclaration leurs fiefs et arrière-fiefs qu'ils possèdent et qu'ils tiennent ; de déclarer à quel devoir et de qui ils sont tenus en foy et hommages. »

Un inventaire de ces déclarations fut fait par Nicolas Der, notaire royal à Meaux, à la requête du procureur du roi au dit Bailliage.

Condé-Sainte-Libiaire (relevant du Roy). — Condé-Sainte-Libiaire relève du roi, duquel fief relève un autre qui est inconnu, vaut le dit fief 120 L. consiste en les trois justices, déclaré par Guillaume de Vaudelard, conseiller au Parlement de Paris, seigneur de Condé et vidame de Trilbardou.

Rutel (relevant de Vaucourtois). — Rutel, arrière-fief du châtel de Vaucourtois, sis en la paroisse de Saint-Saturnin, près Meaux, rapportant toutes charges payées 20 L.

La Haute-Maison (relevant du Roy). — La Haute-Maison, consistant en un grand manoir, château, grange, étable, bergerie, huit arpents de jardin, estimés valoir 15 L. Plus 120 arpents au domaine du fief qui valent par an sept muids et demi de blé, plus haute, moyenne et basse justice ; plus une chapelle fondée anciennement par le seigneur de la Haute-Maison dedans le château, en l'honneur de Saint-Nicolas, dont la présentation appartient au seigneur, relève du Roy.

Vaulcourtois (Moitié de) (relevant du Roy).— Le fief de Vaulcourtois consistant en un hôtel seigneurial, grange, étables, pressoirs et colombier, cour, jardin contenant quatre arpens ou environ ; auxquelles maisons du dit fief le dit seigneur ne prend que moitié charge de domaine ; plus 50 arpents de terre et pré en plusieurs pièces assises au dit Vaulcourtois, en ce compris un petit étang qui peut valoir 8 L. par chacun an, le reste est terre et pré loué un septier de blé par arpent ; plus un arpent de vignes, plus le fermier donne un pourceau gras valant 6 L. ; six douzaines de fromages Angelot, six chapons, un minot de pois, un minot de fèves et 15 livres de chanvre ; plus le pressoir loué 20 L. par an ; plus les cens et les rentes du dit fief de Vaulcourtois valant 20 L. par an, pour la part dudit reconnaissant en ce compris la réunion de la Prévôté avec lods et ventes qui peuvent venir chacun an ; plus 17 poules et chapons de coutume le lendemain de Noël. Relève le dit fief en plein fief du Roi, à cause de son château de Meaux.

Les Trois-Maisons (relevant de Courtières). — Un

fief près La Haute-Maison appelé vulgairement le fief des Trois-Maisons que tient à présent le seigneur de Villemareuil.

Le Quart de Vaulcourtois. — Le fief de Vaulcourtois qui relève du Roy appartenant pour un quart à damoiselle Jeanne de Laune, veuve de Claude de Cullant, qui consiste en hôtel seigneurial, grange, maison, bergerie, jardins, pressoirs, contenant 4 arpents et demi ; il y a haute, moyenne et basse justice dont un quart pour la dite reconnaissante quant au manoir, pressoir, colombier lui appartient pour moitié participant avec Claude Duvant ; plus 30 arpents de terre et 4 arpents de pré ; plus droits de cens, lods et ventes, saisine et amende ; plus 3 poules de coutume et 3 chapons ; plus un demi arpent de vignes assis au dit Vaulcourtois.

Arrière-fiefs appartenant à la dite veuve de Cullant à cause de sa seigneurie de Vaulcourtois dont les propriétaires sont tenus de faire foy et hommages.

Fief à Vaulcourtois. — Un fief sis à Vaulcourtois qui fut à Gérard de Vaucourtois, de présent à madame de Davnant qui le possède.

La maison de Villemareuil (relevant de Vaucourtois). — Un autre fief nommé la maison de Villemareuil, assis au dit Villemareuil proche la fontaine dudit lieu qui fut à Charles de Buz et à présent à ses héritiers.

Les Trois-Maisons (relevant de Vaucourtois). — Un autre fief appelé Les Trois-Maisons, qui fut à Guillaume Lorgebel, de présent à ses héritiers.

Dieu l'Amant (relevant de Vaucourtois). — Un autre fief appelé le fief de l'hôpital de Dieu l'Amant qui fut à Pierre Gibert et de présent à ...

Rutel (relevant de Vaucourtois). — Un autre fief assis

à Rutel qui fut à feu messire Pierre de Moullin, de présent à ses héritiers.

Un autre fief assis en la ville de Coulommiers qui fut à feu P. de Chaumoisy, et depuis à P. Aucourt et de présent au Chapitre de Meaux.

Le Grand Etang. — Le Grand Etang, contenant cinq arpents assis à Vaulcourtois, estimé 12 L. par an ; plus une petité fourciere? au-dessus du dit étang de 2 arpents, estimé 6 L.

Villemareuil (relevant de Vaucourtois). — La terre et seigneurie de Villemareuil, mouvant à plein fief à une seule foy et hommage du seigneur de Vaulcourtois, consiste en un hôtel seigneurial et manoir manable (1), cour, justice haute et basse, étable, grange, jardin, accin, pourpris que tient le dit seigneur qui n'a aucun profit du dit fief, sinon les usages, ce qui peut valoir 3 L. Déclaré par messire Jean de Buz, évêque de Meaux, seigneur de son propre de ladite seigneurie.

L'Hôtel des Murs (relevant du Roy). — Un fief appelé de toute ancienneté l'hôtel des Murs, situé près le dit Villemareuil, tenu à foy et hommage du roy à cause de son château de Meaux, consiste en un hôtel seigneurial, maison, cour, grange, étable, jardin, qui peut valoir, toutes charges faites 90 L. Déclaré par le dit Jean de Buz, évêque de Meaux.

Les Donnans (relevant de l'évêque de Meaux). — Le fief des Donnans, assis à My-Meaux (hameau situé proche Mousseau, paroisse de Villemareuil), tenu à foy et hommage, à haute, moyenne et basse justice. Il consiste en cens et rentes. La haute justice a été unie par le Roy avec la haute, moyenne et basse justice des fiefs

(1) Habitable.

des Murs et de Villemareuil qui se fera par un seul Prévôt, sergens et officiers, et tient sa juridiction au lieu de Villemareuil. Peut valoir le dit fief, toutes charges acquittées 20 L. Déclaré par messire Jean de Buz, évêque de Meaux, que les dits fiefs lui appartiennent par la succession de ses feus père et mère. Signé Jehan S. de Meaux.

Vaulcourtois, Villemareuil (relevant du Roy). — Le fief et seigneurie de Vaulcourtois, près Saint-Fiacre, tenu en plein fief du roy, à cause de son château de Meaux, qui consiste en maison, grange, étable, cour, jardin, terres, prés, cens et rentes, coutumes, haute, moyenne et basse justice, duquel sont tenus mouvants les fiefs, terre et seigneurie de Villemareuil, assis près Saint-Fiacre, tenu par les hoirs Abel de Buz.

Fief. — Un autre fief contenant 45 arpents de terre et prés, assis près le petit Bailly, joignant le dit Vaulcourtois.

Rutel (relevant de Vaulcourtois). — Et un autre fief appelé le châtel de Rutel-les-Meaux, en la paroisse de Saint-Saturnin, avec les fossés, jardins, terres et prés à l'entour du dit lieu que tiennent à présent les héritiers de feu messire P. du Mollins, en son vivant chevalier, le fief de Vaulcourtois vaut 100 L. Déclaré par Jean de Mollins, écuyer, seigneur du dit Vaulcourtois, bourgeois de Paris, à lui échu par la succession de Charles du Mollins, bourgeois de Paris, le 11 novembre 1541. Signé de Mollins.

Sancy (relevant de Montgodefroy). — Le fief, terre et seigneurie de Sancy, consiste en droit de haute, moyenne et basse justice, il est mouvant du fief de Montgodefroy et est arrière-fief de La Haute-Maison.

La Cousinette, Rademont et le Petit Bellou (relevant

de La Haute-Maison). — Le fief de la Cousinette, Rademont et le Petit-Bellou assis au dit Sancy, mouvant en plein fief de La Haute-Maison, est un arrière-fief de la seigneurie de Coulommiers, duquel fief sont mouvants deux arrière-fiefs, l'un desquels est assis au lieudit le Bois Arthus, en la haute justice du dit Sancy, et l'autre fief, assis au lieu dit Cuissy en la paroisse d'Ussy ; tous lesquels fiefs peuvent valoir toutes charges acquittées 120 L.

Les Perdriets (relevant de Quincy). — Le fief, terre et seigneurie des Perdriets, assis en la châtellenie de Crécy et la sixième partie de la Cramaille, mouvant le dit fief des Perdriets du fief nommé le Four de Quincy et la sixième partie du fief de Cramaille du roy, à cause de son château de Meaux, valant toutes charges déduites 20 L. Déclaré par Pierre le Riche, écuyer, homme d'armes, sous la charge de Mgr le duc d'Orléans, le 10 décembre 1540. Signé Le Riche.

Roize (relevant du Roi). — Un fief et seigneurie assis en la paroisse de Coulommes, terre du château de Meaux, et un autre fief et seigneurie que l'on appelle Roize, assis en la paroisse de Maisoncelle, lesquels deux fiefs et seigneurie valent 23 L. par an.

La haute, moyenne et basse justice de Saint-Germain-les-Couilly (relevant du Roy). — La haute, moyenne et basse justice de Saint-Germain-les-Couilly, avec la somme de 6 L. de tailles à prendre par chacun an sur les manans et habitants du dit lieu de Saint-Germain acquise par défunt Gilles de la personne du Roy et mouvant de lui, à cause de son château de Crécy-en-Brie à une seule foy et hommage.

Brias (relevant de Monguillon). — Le petit fief de Brias, situé au terroir du dit Saint-Germain, mouvant du seigneur de Monguillon à une seule foy et hommage.

Chambrière ou La Personne (relevant de l'abbaye de Saint-Germain-des-Prés). — Un petit fief appelé le fief de Chambrière ou le fief de la Personne, sis au terroir du dit Saint-Germain, mouvant à une seule foy et hommage de l'abbé de Saint-Germain-des-Prés de Paris.

Les Perdriets (relevant de l'abbaye de Saint-Germain-des-Prés. — Le petit fief des Perdriets, assis au terroir de Saint-Germain, mouvant à une seule foy et hommage de l'abbé de Saint-Germain-des-Prés de Paris, tous lesquels fiefs consistant, tant en la dite grande, moyenne et basse justice, 6 L. de tailles que terres, prés, cens, rentes et surcens ; les dits cens portant lods et ventes, saisine et amende. Déclaré par noble homme et sage Me Adrien de la Personne, prévôt de Meaux, tant en son nom que comme tuteur et curateur des enfants de feu noble homme Gilles de la Personne qui a dit avoir vu par les déclarations données par ses prédécesseurs que lorsqu'il a plu au roy de faire publier le ban et arrière-ban, les dits fiefs ont été taxés à 30 L. par les commissaires du roy. Les dits fiefs ne valant en tout que 20 L. Donné le 18 décembre 1540. Signé de la Personne.

Saint-Martin-lès-Crécy (relevant de Coulommiers). Le fief, terre et seigneurie de Saint-Martin-lès-Crécy, mouvant de Mgr de Lautrec, à cause de la seigneurie de Coulommiers, consiste en maison seigneuriale contenant 4 bouges, étable, cave, cour, jardin devant, colombier à pied, pressoir, bergerie, maison de ferme, étables à vaches et pourceaux et poulaillers, un grand jardin peuplé d'arbres fruitiers clos de murs, contenant 3 arpents, 9 perches. Un autre jardin à arbres fruitiers où était la vieille maison contenant un arpent, 23 perches auquel il y a un petit jardin clos de murs servant aux fermiers avec une allée pour aller à la Saulsaye. 144 arpents tout terres labourables et prés du domaine que vignes, loués par an dix muids de grain, deux tiers en blé, l'autre en avoine, etc. Déclaré par Philippe Foucault, écuyer, bourgeois de Paris, seigneur du fief de Saint-Martin-lès-Crécy, le 24 avril 1590. Signé : Foucault.

Les Macherons (relevant de la Mallemaison). — Deux petits fiefs appelés des Macherons, sis en la paroisse de Guérard à cause de quelques pourpris de pré et un quartier de terres tenus de mademoiselle Marie Cucar, dame de la Mallemaison, à cause de son fief qu'elle a à Guérard, pour cause desquels fiefs il y a droit de Bailly, un sergent qui peut et doit exploiter en la dite terre. Déclarée par Denys Puillois et Eustache Puillois le 8 avril 1540. Signé D. et E. Puillois.

Vivier-les-Coutevroux (relevant de Coulommiers). — Le fief, terre et seigneurie du Vivier-les-Coutevroux-en-Brie, tenu en foy et hommage de haut et puissant seigneur Mgr Henri de Foix, à cause de son chastel de Coulommiers-en-Brie, peut monter en revenu, par an, à 290 L. Déclaré par Louis de Monsoy, écuyer, seigneur du dit Vivier-les-Coutevroux, le 17 juillet 1590. Signé de Monsoy.

La Rivière (relevant de Magny-le-Hongre). — Le fief, terre et seigneurie de la Rivière assis à Magny-le-Hongre, tenu en foy et hommage de la terre et seigneurie de Magny-le-Hongre, vaut par an 60 L.

Un *Fief*, 36 arpents de bois tenu en fief, foi et hommage de la seigneurie de la Rivière, et appartenant à L. de Popaincourt, seigneur de la Tournelle.

Fief à Courtavois (relevant de la Rivière) — Trente-six arpents de bois, assis à Courtavois et au bois de Trous, joignant les dits bois au fief, tenus en fief, foy et hommage du fief, terre et seigneurie de la Rivière et sous des apparences du dit fief de la Rivière; lesquels bois appartiennent à présent à I. de Poupaincourt, seigneur de la Tournelle.

Fief, 110 arpents, à la fontaine aux Hongres (relevant du Roy). — Aux dits reconnaissants doivent appartenir à cause du fief de la Rivière selon les acquisitions et hommages de ce fait par leurs prédécesseurs 110 arpens, francs de gruerie, assis à la fontaine aux Hongres, aboutissant sur les champs de Jossigny et qui doivent être tenus en plein fief du roy, à cause de son château de Meaux.

Fief, 44 arpents de bois. — Aux dits reconnaissants doivent appartenir à cause de leur fief de la Rivière, suivant l'acquisition de ce, faites comme dessus, 44 arpents de bois aussi francs de gruerie, assis au lieu dit les Communes.

Le Coulombier (relevant de Montgodefroy). — La dixième partie du fief du Coulombier assis à Maisoncelle mouvant de Montgodefroy, vaut toutes charges déduites 6 L. 10 s. par an.

Fiefs. — La sixième partie de trois fiefs assis à Maisoncelle mouvant de révérendissime le cardinal de Bourbon à cause de sa terre et seigneurie de la Loge-Saint-Denys, vaut 15 L. par an, toutes charges déduites. C'est pour tous les dits fiefs 71 L. 10 s. par an. Déclaré et signé par A de Rénusart.

Maisoncelle (relevant de la Loge-Saint-Denis). — Partie du fief, terre et seigneurie de Maisoncelles tenue en plein fief, foy et hommage du cardinal de Bourbon, abbé de Saint-Denys, à cause de sa seigneurie de la Loge-Saint-Denys, vaut toutes charges déduites 40 L. par an.

Lucas (relevant de la Loge-Saint-Denys). — Le fief de Lucas, mouvant à une seule foy et hommage du cardinal de Bourbon, à cause de sa seigneurie de la Loge-Saint-Denis, vaut toutes charges déduites 16 L. 12 s., par an.

Le Coulombier (relevant de Montgodefroy). — Le fief du Coulombier, tenu en plein fief du seigneur de Montgodefroy, à cause de la dite seigneurie, vaut toutes charges déduites 19 L. par an.

La Prée. — Le fief de La Prée vaut 37 L. par an.

Brondelle (relevant des Trois-Maisons). — Le petit fief de Brondelle, assis au lieu dit le bois de Citry, mouvant en foi et hommage du seigneur de Neufmoutier, à cause du fief que tient le seigneur du dit lieu appelé les Trois-Maisons, vaut 12 L. par an.

La Folie. — Le fief de La Folie, mouvant d'une seule foi et hommage du seigneur du dit lieu, vaut 40 s. par an.

La Bonne Cauldrée (relevant de Coupvray). — Le fief appelé la Bonne Cauldrée, mouvant de la seigneurie de Coupvray, vaut 10 L. par an.

Le Coulombier (relevant de Montgodefroy). — La sixième partie du fief, terre et seigneurie du Colombier, mouvant en plein fief de la seigneurie de Montgodefroy, peut valoir 6 L. 10 s., par an.

Maisoncelles (relevant de La Loge-Saint-Denys). — La sixième partie du fief de Maisoncelles tenu du cardinal de Bourbon, à cause de sa seigneurie de La Loge-Saint-Denys, vaut 15 L. par an. Déclaré le 9 novembre 1540 par Nicolas de Hecques.

La Mothe Montaudier (relevant du Roy.) — Le fief de La Motte Montaudier consiste en moyenne et basse justice, hôtel seigneurial, terres, cens et rentes, tenu en foy et hommage du Roy, à cause de son château de Crécy, peut valoir, toutes charges acquittées, 70 L.

Déclaré par noble homme Pierre Bureau qui dit que le dit fief est de son propre, et que quant au ban et arrière-ban, il n'a pas été cotisé parce qu'il a toujours été et est au service du Roy.

Courtière. — Relevant du Four de Quincy, assis au village de Vaucourtois, tenu en fief de Guillaume de Movielles, pour une moitié; de J. de la Rocque, capitaine Crécy, pour un quart; et par Guillaume Halgeine pour l'autre quart, consiste en un manoir en ruines, avec grange, étable, colombier, un vieux corps d'hôtel avec jardin, et 60 arpents de terre labourable en plusieurs pièces, en la paroisse de Vaucourtois. Le dit fief est chargé de 35 Livres de rentes au principal, de 600 Livres. Déclaré par Michel Le Gogne, bourgeois de Paris, le 17 mai 1540.

Le Four de Quincy (relevant du Roy). — La quatrième partie du fief appelé le Four de Quincy, tenu en plein fief du roy, à cause du château de Meaux, ne vaut que 20 L. par an, quand le dit four cuit; mais il n'y a plus de four en nature, il y a bien 40 ans qu'il est rasé. Du dit fief meuvent plusieurs fiefs et arrière-fiefs qui ont été donnés par déclaration.

Fief, 20 arpents de terre (relevant partie de la Tournelle, relevant partie de Saint-Germain-des-Prés). — 20 arpents de terre assis à Saint-Germain-les-Couilly, mouvant en partie du seigneur de la Tournelle et l'autre partie de Saint-Germain-des-Prés.

Fief, 13 arpents et demi de prés (relevant du Four

de Quincy). — 13 arpents et demi de prés en la paroisse de Condé-Sainte-Libiaire mouvant du dit Four de Quincy, à une seule foy et hommage, peuvent valoir les dites choses ci-dessus toutes charges acquittées, 33 L. Déclaré par noble homme I. de la Rocque, capitaine de Crécy, qui dit que, quant au ban et arrière-ban, le dit fief a été détaxé parce que lui et ses prédécesseurs ont servi le roy en personne au fort de ses guerres. Le 16 décembre 1590. Signé de La Rocque.

Fief des Grandes Dîmes de Maisoncelles (relevant de Maisoncelles). — Une année la cinquième partie et l'autre la quatrième des grandes dîmes à partager par moitié avec Charles de Lauvières, dont la part est louée 14 L. par an. Déclaré par Denis Aucourt au nom et comme tuteur de J. de Pampelune.

Courtiers (relevant du Four de Quincy). — La terre et seigneurie de Courtiers près de Saint-Fiacre, tenue en foy et hommage des seigneurs du Four de Quincy, à cause du dit Four, vaut 60 L. par an.

La Loge Arthus (relevant de Sancy). — Le fief de la Loge Arthus relève en foy et hommage des seigneurs de Sancy près le dit Courtiers ; vaut 60 L. par an.

Bouleurs fief (relevant du Roy). — Un fief assis à Bouleurs qui vaut en rentes et censives 20 L. par an.

Montaumer (relevant du Roy). — Le fief de Montaumer vaut par an toutes charges déduites 10 L.

Lumières (relevant du Roy). — Le fief de Lumières vaut toutes charges déduites 10 L. par an.

Pruvel (relevant du Roy). — Le fief de Pruvel vaut à Crécy toutes charges déduites 60 L. par an.

Déclaré par Jérôme et Nicolas de Preuville et la veuve et heritiers de Loïs de Preuville, tous seigneurs des dits fiefs ci-dessus déclarés.

La Tournelle (relevant de Coulommiers). — Le fief de la Tournelle, assis au village de Magny-le-Hongre, vaut tant en cens et rentes que domaine 24 L. par an.

Villeneuve-Saint-Denis (fief relevant du Roy). — Un fief situé à Villeneuve-Saint-Denis et es-environs, vaut 15 L. 6 s. 8 d. par an.

Bois du Trou (relevant du Roy). — Une pièce de bois taillis contenant 24 arpents, située au bois du Trou, tenue en fief et relevant du Roy, qui sert pour le chauffage de la maison du dit reconnaissant sise à la Guelle vaut 5 L. par an. Déclaré par noble homme J. de Poupaincourt.

Magny-Saint-Loup, (fief relevant du Chapitre de de Meaux). — Charles Chouart, avocat en la cour du Parlement de Paris y demeurant, déclare tenir en fief une maison manable, cour, jardin, grange, étable; assis au village de Magny-Saint-Loup, près Saint-Fiacre-en-Brie et 73 arpents et demi de terre assis au dit terroir mouvant du Chapitre de Meaux, seigneur du dit lieu, lesquels peuvent valoir 34 L. par an. Le 28 janvier 1591. Signé Chouart.

Bassins (relevant de la Tournelle et de Magny-le-Hongre). — Le fief de Bassins, assis à Romainvilliers en Brie, tenu et mouvant des seigneurs de La Tournelle et de Magny-le-Hongre, vaut 9 L. par an. Déclaré le 8 février 1591.

Bailly (relevant de la Tournelle et de Magny-le-Hongre). — Le fief, terre et seigneurie de Bailly en Brie, mouvant des seigneurs de la Tournelle et de Magny-le-Hongre, vaut 30 L. par an. Déclaré le 8 février 1591.

La Haute-Maison (relevant de Coulommiers). —

Noble homme, Antoine de Buz, seigneur de La Haute-Maison et fiefs ci après déclarés, à lui appartenant par la succession de feu Abel de Buz, son père, déclare que à lui appartient le fief, terre et seigneurie de La Haute-Maison, tenu en foi et hommage de la seigneurie de Coulommiers, consiste en un hôtel seigneurial qui est maison manable, cour, grange, étable, jardin à arbres fermé de fossés vaut toutes charges acquittées 100 L. par an.

Arrière-fiefs de La Haute-Maison.

Montgodefroy (relevant de la Haute-Maison). — Le fief de Montgodefroy, situé près de la dite Haute-Maison.

Deux fiefs à Sancy (relevant de La Haute-Maison). — Deux fiefs assis à Sancy.

La Borde-de-Sergneule-les-Maisoncelles (relevant de La Haute-Maison). — Le fief de La Borde-de-Sergneule-les-Maisoncelles que tient le dit seigneur de Buz en ses mains, redevable au dit seigneur de 17 s. 5 d. de menu cens par chacun an.

Deux fiefs à Roize. — Deux fiefs situés à Roize, tenus par deux tenanciers.

Charny (relevant de La Haute-Maison). — Le fief de Charny, tenu par la demoiselle de Charny.

Autres fiefs que le dit seigneur ne connait pas les détenteurs.

La Mothe-de-Molignon-les-Quincy (relevant de la Haute-Maison). — Le fief de la Mothe-de-Molignon-les-Quincy.

Fief. — Un fief qui fut à Simon de Maisoncelles.

Fief. — Un arrière-fief assis à Roize.

Fief. — Un autre fief appartenant au seigneur de Buz.

Mauperthuis (relevant de la Haute-Maison). — Le fief de Mauperthuis, lequel est tenu et mouvant et doit relief au seigneur du fief de la Haute-Maison, consiste en une maison, hôtel seigneurial, cour, grange, étable et jardin fermé de fossés vaut 84 L. par an.

Mariaval (relevant du Vivier). — Le fief de Mariaval appartenant au seigneur de Buz, mouvant du seigneur de Monery, à cause de sa terre et seigneurie du Vivier, à haute, moyenne et basse justice, vaut 60 L. de rente par an.

Les Trois Maisons (relevant de la Haute-Maison). — Le fief des Trois Maisons appartenant au seigneur de Buz consiste en maison, cour, grange, étable, environnés de fossés, appartenances et dépendances mouvant en foi et hommage du fief et terre de la Haute-Maison, vaut 70 L. par an.

Les Trois Maisonnettes et Rougnon (relevant de la Haute-Maison). — Du quel fief dépendent les fiefs des Trois Maisonnettes et de Rougnon appartenant au seigneur de Buz.

La Noüe (relevant de Coulommiers). — Le fief de La Noüe, au Seigneur de Buz, consiste en une maison, cour, grange, étable avec les terres, appartenances et dépendances mouvant de la seigneurie de Coulommiers, vaut 70 L. par an.

Le Bois de Bouslu (relevant de Coulommiers). — Le fief nommé Le Bois de Bouslu, au seigneur de Buz, consiste en 30 arpents de bois taillis, mouvant de la seigneurie de Coulommiers, vaut toutes les charges déduites 20 L. par an. Déclaré par noble homme Antoine de Buz. Signé Anthoine de Buz.

Le Four de Quincy (relevant du Roy). — Le Four de Quincy, qui valut autrefois 20 L., de mémoire d'homme n'a plus été chauffé et ne consiste qu'en tenues féodales.

Fief à Saint-Germain. — Un fief à Saint-Germain près Couilly, appartenant aux tenanciers du Four de Quincy.

Saint-Cler (relevant du Four de Quincy). — Le fief de Saint-Cler, appartenant à Antoine de Buz, assis à Mareuil, consiste en hôtel seigneurial, maison, grange, trois pressoirs de grands frais, haute, moyenne et basse justice tant au territoire que partout son fief et lui appartient la rivière de Marne à commencer au moulin de Greverme jusqu'au gué de Charmantray, mouvant en foi et hommage du Four de Quincy; vaut 157 L. 15 s. 8 d. par an.

La Grange-du-Mont (relevant de Saint-Cler). — Duquel fief est mouvant en foi et hommage le fief de La Grange-du-Mont que tient noble homme J. de la Rocque.

La Court à Nanteuil-les-Meaux. — Au dit seigneur de Buz appartient le fief de La Court, assis à Nanteuil les Meaux, au lieu dit Enbernont, et consiste en un corps d'hôtel, cour, grange, étable, jardin, cens, rentes, lods et ventes vaut toutes charges acquittées 101 L. 3 s. par an.

Signé, Anthoine de Buz.

Hôtel de Tigeaux (relevant du Roy). — L'Hôtel de Tigeaux, consiste en une masure assise sur la rivière de Morin relevant du Roy à cause de sa châtellenie de Crécy, et sept arpents de vignes appelés le Clos de Tigeaux sis au-dessus du dit Hôtel.

Fief. — Un fief sis au bas de Dammartin, entre Dammartin et Tigeaux

Le Pré Boussel, dit les Planches. — Un fief qui fut à Jean de Lagny vulgairement appelé le Pré Boussel dit Les Planches, sis aux écluses de Villiers-sur-Morin, contenant neuf quartiers de pré, vaut 8 L.

Fief à Bessy. — Du dit fief du Pré Boussel dépend un arrière-fief sis à Bessy.

Le Grand Pré du Moulin. — Du dit fief du Pré Boussel dépend un arrière-fief appelé le fief du Grand Pré du Moulin, sis sur la rivière de Morin, entre Crécy et la Chapelle, loué 7 L. par an.

Resy, Sarbonne et Montaran. — Du dit arrière-fief du Grand Pré du Moulin dépendent les fiefs de Resy, Sarbonne et Montaran.

Vindegodet (relevant du Pré Boussel). — Du dit fief du Pré Boussel dit les Planches, dépend un arrière-fief appelé vulgairement Videgodot, sis à La Chapelle-lès-Crécy, où il y a une maison, cour, jardin et trois quartiers de terre, tenue par la reconnaissante J. Martin pour 12 d. de cens 8 s. parisis de rente et deux chapons, le tout payable à la Saint-Martin.

Fief (arrière-fiefs). — La dite reconnaissante tient aussi un autre fief dépendant du fief de Vindegodet et encore cinq arrière-fiefs et à cause des dits fiefs ci-dessus la reconnaissante doit assistance aux assises de Crécy.

Montaudier le Haut (relevant du Roy). — Un fief assis au Montaudier le Haut contenant quatre arpents; plus quatre arpents et demi tant pré que terre, plus 8 arpents de terre à la Garenne; plus un étang avec une fosse à poisson, contenant quatre arpents et demi, plus 80 perches de vignes, plus dix arpents de terre au champ des Poiriers, plus 15 arpents de terre au pré Thierry, plus deux arpents de terre au pré Petit Jean, plus 15 arpents de bois taillis au bois de Montaudier, plus 4 L. 10 s. de rente et trois milliers de tuiles ; 5 L. 15 s. de menus cens, la tierce partie du deuxième des dixmes de Geneurey avec le droit de feu pris sur Montaudier et Liberman sur chacun homme non clerc 5 s., et en cela le dit lieu de Montaudier peut avoir la tierce partie.

La tierce partie du dit fief appartient à Pierre Bureau et vaut 60 L. Les deux autres tiers du fief sont tenus par son frère Antoine Bureau. Signé P. Bureau.

Montgodefroy (relevant de la Haute-Maison). — Damoiselle Anne de Volant, femme séparée de André le Roy, dame de la terre et seigneurie de Montgodefroy, à elle appartenant de son propre, laquelle consiste en une maison, où il y avait anciennement un château, cour, grange, étables, fosses, jardin, trois petits étangs contenant vingt arpents d'eau, vingt arpents de terre aux Carreaux en une pièce ; 28 arpents sur les prés du dit hôtel, au bout de la dite pièce 14 arpents, et au bout de la pièce précédente 12 arpents, puis 12 arpents, puis trois arpents, puis dix arpents, deux jardins ; six arpents devant le dit hôtel, une pièce de terre défrichée contenant 30 arpents ; huit arpents de terre défrichée, 40 arpents de pré ; la haute moyenne et basse justice, en toute la seigneurie de Montgodefroy que la dite damoiselle tient en foi et hommage de J. de Buz, écuyer, Seigneur de La Haute-Maison.

Arrière-fiefs de Montgodefroy.

Sancy (relevant de Montgodefroy). — Le fief de Sancy consistant en maison, grange, colombier, cour, jardin, estangs, cens, terres et autres choses mouvant de Montgodefroy.

Roize (relevant de Montgodefroy). — Le fief de Roize que tient à présent Philippe de Lormes.

Montaudier et *la Mothe*. — Les fiefs de Montaudier et de la Mothe, tenus par deux tenanciers.

Montaudier (relevant de Montgodefroy). — Le fief de Montaudier, en la paroisse de Molignon, tenu par divers tenanciers.

Guérard (relevant de Montgodefroy). — Le fief de Guérard ou Guebrard, à présent à damoiselle Marie Cœur.

Le Rû (relevant de Montgodefroy). — Le fief du Rû que tient à présent J. de Buz, seigneur de la Haute-Maison.

Le Coulombier (relevant de Montgodefroy). — Le fief de Colombier, assis à Maisoncelles, tenu par divers tenanciers.

Vaut la dite terre de Montgodefroy 20 L. par an, 10 à 12 muids de grain, deux tiers blé, l'autre tiers avoine, mesure de Paris, 12 poules, 12 chapons, deux douzaines de fromages, deux douzaines d'angelots.

Fait le 3 avril 1540. Signé Anne Volant.

Sancy (relevant de Montgodefroy). — Pierre Le Riche, écuyer, seigneur de Sancy et des Perdriets et seigneur de la sixième partie du fief, terre et seigneurie de Cramaille, déclare que lui appartiennent le fief, terre et seigneurie avec la haute, moyenne et basse justice du dit Sancy et les droits seigneuriaux cy après déclarés avec les arrière-fiefs. Lequel fief consiste dans le château et terres seigneuriales avec le colombier de pied, plusieurs corps de maison, granges, étables qui sont, de présent, en décadence, avec deux arpents de jardin attenant du dit viel château. Dedans le dit fief, une maison, grange, étable, un colombier de pied avec les jardins, garenne et bois taillis contenant ce tout, seize arpents : vingt arpents de pré en plusieurs pièces; les fossés du dit château qui enclavent partie du dit château avec trois étangs ou viviers qui contiennent six arpents; 120 arpents de terre que le dit seigneur occupe pour le domaine et vivre de son logis estimés six muids de grains, deux tiers blé, l'autre avoine, mesure du dit lieu; deux arpents et demi de vignes, 12 L. de menus cens, portant lods et vente, saisine et amende payable à la Saint-Rémy; 30 L. de vente seigneuriale à la Saint-Martin; 40 poules le lendemain de Noël et 10 chapons de coutumes; un moulin à vent, loué deux muids de blé froment et 20 s. avec une maison baillée à 40 s. de rente payable à la Saint-Martin et une poule et un chapon le lendemain de Noël; trois septiers de blé froment de rente sur des héritages.

Au dit fief et seigneur, tout droit de four banal, moulin et pressoir banal, avec droit de voirie, rouage, fouage, droit de mesurage et estalonage vaut 60 s. par an.

La loge Arthus (relevant de Sancy). — La Prévoté du dit Sancy vaut 8 L. Le Greffe 40 s. Un arrière-fief en la haute justice du dit Sancy, nommé le fief de la Loge Arthus, contenant 24 arpents de terre. Il y a dans la dite seigneurie deux étangs nommés les étangs de Ruxson qui sont en la haute justice du dit Sancy et le dit fief, avait anciennement été engagé pour le prix de 160 L.

Messieurs du Chapitre de Meaux avaient plusieurs rentes constituées à eux par les tenanciers du dit fief.

La Consuète, Rademont (relevant de Villemareuil). — Un fief au dit Sancy nommé le fief de la Consuète et Rademont, lequel fief contient 48 arpents en deux pièces assises au lieu dit de la Consuète auquel lieu il y a un étang, nommé l'étang de la Consuète contenant dix arpents que le dit écuyer tient en sa main et de son domaine. Les autres terres sont données à 9 s. par an payables à l'hôtel seigneurial de Sancy au jour de saint Remy, 16 s. de rente seigneuriale à la Saint-Martin. Le tout en la haute justice de Sancy, lequel fief est mouvant du fief de la Haute-Maison qu'occupe le seigneur de Villemareuil.

Les Perdriets (relevant du Four de Quincy). — Le fief, terre et seigneurie des Perdriets tenu en fief du Four de Quincy, le dit fief situé en la châtellenie de Crécy, au lieu dit de Coulommes, Sancy et ès-environs auquel y a plusieurs maisons, accins, prés, vignes, terres, baillé avec la moyenne et basse justice, 4 L. de cens portant lods et ventes, saisine et amendes payables à la Saint-Remy; 3 L. de rente seigneuriale à la Saint-Martin; deux poules de coutume le lendemain de Noël, pour le droit de dixme, laquelle dixme est inféodée de temps immémorial; et sont tenus les tenanciers des vignes payer douze pintes de vin du muid, laquelle dixme vaut, de présent, quatre muids de vin fin.

Cramaille (relevant du Roy). — La sixième partie du fief, terre et seigneurie de Cramaille, assis au village de Coulomme ou la châtellenie de Meaux et peut valoir la totalité du dit fief 7 L. de menus cens portant lods et ventes, saisine et amendée payable le jour de saint Rémy. Un moulin à vent, loué six septiers de blé froment payable à la Saint-Martin; un pressoir donné à cinq L. de rente payable à la Saint-Martin, cinq L. de rente seigneuriale. Signé Le Riche.

Autres fiefs.

Dans nos recherches nous avons trouvé le nom de quelques autres fiefs, non nommés dans le dénombrement de 1539 : Goix, sis en la ville et territoire de Crécy et s'étendant sur Voulangis, Moulangis, Lutain, etc., paroisse de Saint-Martin-lès-Voulangis, en 1306, 1430, 1507, réuni à la seigneurie de La Chapelle par Gorge, seigneur d'Antraigues, Racaillé en 1529, Mongrolle en 1562, Montaurevers en 1604, et le fief Testard à Crécy en 1774.

Ce dénombrement des fiefs du comté de Crécy, en nous donnant le tableau de la division des seigneuries, est instructif à d'autres égards; il précise d'une façon certaine la position de certains cantons et de certaines demeures; il nous donne souvent la valeur des fiefs, et de leur revenu; il nous fait voir combien était considérable la superficie des terres recouvertes par des étangs. C'est facile à comprendre; en effet, en ce temps l'observance des jours maigres était complet, le poisson de mer n'arrivait dans l'intérieur des terres que sous forme de salaisons et l'on n'avait d'autres poissons frais que les poissons d'eau douce.

Les redevances en nature étaient le vin, le blé, l'avoine, les pois, les fèves, le porc, les poules chapons, les fromages, les angelots (petits fromages, façon normande) et le chanvre.

CHAPITRE IV

LES FIEFS EN 1695

Dans l'inventaire des fiefs fait en 1539, J. de la Rocque était capitaine de Crécy!

Le roi Henri II était à Crécy en mai 1558 (1).

Miron. — Le domaine de Crécy fut engagé en 1586 à Miron, conseiller d'État (2).

Miron fut prévôt des marchands de la ville de Paris en 1604. Il mourut le 4 janvier 1609, époque à laquelle il avait transporté le comté de Crécy au duc de Vendôme (3).

Duc de Vendôme. — César, duc de Vendôme, était fils naturel du roi Henri IV et de Gabrielle d'Estrées, duchesse de Beaufort.

Il naquit en juin 1594 et fut légitimé en janvier 1595 par le roi qui lui donna, en 1598, le duché de Vendôme.

Il fut aussi duc d'Étampes, de Mercœur, etc.; chevalier des ordres du roi, gouverneur de Bretagne et grand-maître, chef et surintendant général de la navigation et commerce de France. Il mourut le 22 octobre 1665, en sa 72e année.

Henri IV. — Après l'assassinat de Henri III, le roi de

(1) M. Ménard, *Pièces fugitives, Itin. des rois de France*, t. I, p. 109.
(2) De Boislisle, *Mémoires des Intendants*, t. I, p. 268.
(3) De Boilisle, *Mémoires des Intendants*, t I, p. 268.

Navarre, quoique héritier du trône d'après la loi salique, ne fut pas reconnu roi par les catholiques qui repoussaient ce prince protestant à cause de son hérésie.

Pendant la guerre civile qui se poursuivit entre Henri IV et Mayenne, chef des armées de la Ligue catholique, plusieurs faits de guerre se passèrent à Crécy et aux environs.

Bateau capturé. — Le jeudi 1er mars 1590, un petit bateau, appartenant au chevalier de Tury, était parti de Paris pour Meaux, avec un chargement de marchandises de toutes sortes, de l'argent, des armes et des boulets en fer pour l'artillerie de Meaux. Le bateau fut pris, près de Condé-Sainte-Libiaire, vers l'embouchure du grand Morin dans la Marne, par les habitants de ce village qui tenaient pour le roi Henri IV. Le conducteur du bateau, blessé au pied, mourut peu après des suites de cette blessure.

Siège de Condé-Sainte-Libiaire. — Le chevalier de Tury, pour venger cette insulte, vint le lendemain à Condé suivi de quelques troupes. Malgré la résistance des habitants, il força le village après avoir perdu quatre ou cinq hommes, tua quarante paysans, mais ne put réduire les autres qui s'étaient réfugiés dans l'église. La nuit fit cesser le combat et le chevalier de Tury revint à Meaux avec ses gens. Ce fut là le signal de troubles et d'incendies autour de Meaux ; environ quatre cents personnes des environs furent tuées par représailles (1).

Crécy à Henri IV. — Entre le 7 et le 11 avril, Henri devint maître de Melun, Moret, Crécy et Provins (2).

(1) L'Enfant, *Mémoires*, janvier, t. III, p. 407. — Rochard, *Antiquités de Meaux*, t. II, p. 180.

(2) M. Ménard, *Pièces fugitives*, *Itin. des rois de France*, t. I, p. 114.

Combat de Cornillon. — Le 9 mai 1590, des troupes royalistes logées à Quincy, Mareuil, Fublaines et aux environs ayant aperçu dans la campagne quelques cavaliers de la garnison de Meaux, coururent à bride abattue jusqu'au faubourg de Cornillon pour leur couper la retraite.

Les royalistes furent eux-mêmes aperçus par le guet placé sur le haut de l'église de Saint-Etienne. Le guet donna l'alarme et aussitôt Tury se rendit au faubourg, à pied et sans compagnie. Les royalistes tirèrent sur lui. Alors Tury prit la pique d'un soldat qui se trouvait à ses côtés et s'élança sur les royalistes ; heureusement quelques arquebusiers vinrent à son secours et, après quelques escarmouches, les royalistes se retirèrent après avoir perdu plusieurs hommes (1).

Le 29 mai, cent fantassins de la garnison de Meaux pillèrent le village de Mareuil. Ils enlevèrent quelques bêtes à cornes, tuèrent cinq à six paysans, mais perdirent trois des leurs. Le lendemain, pour prendre leur revanche, les habitants de Mareuil mirent une vache au pré entre leur village et la ville et se postèrent en embuscade près de là. Quinze ou seize soldats sortirent aussitôt de Meaux, sans autres armes que leurs épées, pour enlever la vache ; mais les paysans tombèrent sur eux et en emmenèrent quatre prisonniers. La nuit suivante, cent cinquante soldats de Meaux escaladèrent le château de Mareuil ; cinq ou six d'entre eux restèrent pour occuper le château, les autres retournèrent à Meaux sans rien faire (2).

(1) Dom Toussaints Du Plessis, *Histoire de l'église de Meaux*, t. I, p. 398.

(2) Dom Toussaints Du Plessis, *Histoire de l'église de Meaux*, t. I, pp. 399-400.

Escarmouches. — Le 1er juin quelques ligueurs fourragèrent le village de Coulommes, tentèrent vainement de s'emparer du château, et emportèrent quantité d'objets ; cette expédition ne leur coûta que deux hommes. Le lendemain un plus gros parti de Ligueurs allèrent à Nanteuil-les-Meaux dont ils attaquèrent le château. Ils firent en plusieurs endroits de grandes brèches aux murailles, mais ne purent s'emparer de la place (1).

Henri fait dix-huit lieues le 7 juin et arrive à Crécy (2).

Siège de Quincy. — Le 12 juin, le chevalier de Tury accompagné du sieur de Saint-Paul, gouverneur pour la Ligue de la Brie et de la Champagne et suivi de deux mille hommes, tant fantassins que cavaliers, attaqua avec deux pièces d'artillerie le village de Quincy qui tenait pour le roi.

Saint-Paul, brave soldat de fortune fort attaché à la Ligue, fut nommé maréchal de France par le duc de Mayenne en 1593, il fut tué à Reims au mois d'avril 1594 par le duc de Guise.

Quelques jours avant le siège de Quincy, Tury avait fait sommer les habitants de ce village de prendre parti pour la Ligue et de payer la taille à Meaux, ce qu'ils avaient refusé de faire. Tury vint donc les attaquer en forme, s'empara, après avoir perdu vingt-deux hommes, de deux forts élevés par les assiégés pour la défense de la place, leur tua dix ou douze hommes et les contraignit, l'épée dans les reins, à se réfugier dans l'église. Ceux-ci montèrent sur les voûtes dans les-

(1) Dom Toussaints Du Plessis, *Histoire de l'église de Meaux*, t. I, p. 400.

(2) M. Ménard, *Pièces fugitives, Itin. des rois de France*, t. I, p. 114.

quelles ils avaient pratiqué des ouvertures, de sorte que, bien abrités, ils tiraient sur les assaillants ; ils en tuèrent soixante et en blessèrent un bien plus grand nombre, dont plus de cinquante moururent peu de jours après ; aussi le bruit se répandit-il que les assiégés avaient empoisonné leurs balles. Alors les assiégeants mirent le feu à tous les bancs et meubles qui se trouvaient dans l'église ; la fumée fit ainsi périr environ cent assiégés, tant hommes que femmes et enfants. Tury leur proposa de se rendre, les assurant qu'on leur ferait « bonne guerre » ; mais ils refusèrent et tinrent ferme jusqu'après minuit. Ils espéraient que, aussitôt la nuit venue, les Ligueurs retourneraient à Meaux, mais voyant cette espérance s'évanouir, ils capitulèrent et s'engagèrent à payer une certaine somme d'argent. Trois des principaux habitants répondirent de cette somme et furent emmenés en otage à Meaux. Le lendemain Saint-Paul fit publier à son de trompe la défense de piller les villages de la Brie, de molester les paysans, en même temps il fut ordonné de rendre tous les prisonniers sans rançon ; mais Quincy continua à être pillé, de sorte que le village demeura désert par la retraite des habitants (1).

Pont de bateaux. — Un pont de bateaux avait été jeté sur la Marne au-dessous du moulin de Mareuil. Le 9 juillet 1590, vers dix heures du soir, quinze cents cavaliers royalistes arrivèrent près de Meaux ; un de leurs détachements alla reconnaître ce pont où il y eut deux hommes tués (2).

Attaque de Mareuil. — Dans la nuit du 21 au 22 juil-

(1) Dom Toussaints Du Plessis, *Histoire de l'église de Meaux*, t. I, pp. 400-401.

(2) Michelin, *Essais*, t. II, p. 1069.

let 1590, plusieurs gens en armes, fantassins et cavaliers, conduits par Thomas de Bours, natif de Mareuil-les-Meaux, capitaine et gouverneur de Crécy pour le roi, allèrent attaquer Mareuil où se trouvaient quatre compagnies d'arquebusiers à cheval du parti de la Ligue.

Les royalistes avaient trois tambours qu'ils firent battre en trois différents endroits autour du village.

A leur arrivée les arquebusiers se retirèrent dans l'église, où de Bours qui voulut les forcer fut tué sur place avec un autre capitaine. Les gens de Crécy, ne pouvant faire plus, retournèrent chez eux après avoir pris quarante-six chevaux des arquebusiers.

Du Bours fut enterré dans l'église de Mareuil. Un arquebusier fut tué et quatre à cinq autres furent blessés.

Combat à Couilly. — La nuit suivante le sieur de Saint-Paul et le chevalier de Tury gouverneur de Meaux attaquèrent quelques soldats du roi logés à Couilly; ils tuèrent un capitaine inconnu dont les armes étaient extrêmement riches et qui avait été abandonné de ses soldats.

Mayenne à Meaux. — Le lendemain le duc de Mayenne arriva à Meaux. Saint-Paul, pour faciliter le passage du duc par le pont de Couilly, alla au devant de lui jusqu'à ce village où se trouvaient quelques royalistes.

Combat près Lagny. — Ceux-ci ne se sentant pas en force s'enfuirent vers Lagny, poursuivis l'épée dans les reins par Saint-Paul. Alors quatre cornettes de cavalerie sortirent de Lagny et vinrent soutenir les royalistes qui, grâce à ce secours, purent entrer dans Lagny. Cependant Saint-Paul fit sept à huit prisonniers, prit quelques chevaux et quelques charrettes chargées de vin, mais il perdit, de son côté, sept à huit arquebusiers à cheval et quatre ou cinq soldats qui furent faits prisonniers (1).

Le bagage du cardinal Gaetan. — Sur la fin du mois d'août, le cardinal Gaetan, légat du pape en France, passa par Meaux. Son bagage était conduit par quelques Espagnols qui, étant arrivés à Quincy, doublèrent le pas pour arriver à Meaux, avant la nuit, comptant bien qu'ils arriveraient sans encombre. La Bastide, gouverneur de Crécy, instruit de cette nouvelle, s'avança avec trente cavaliers, s'empara du bagage qu'il dirigea sur Crécy. Les Espagnols, avertis de ces événements, retournèrent vivement sur leurs pas, atteignirent La Bastide et ses gens qu'ils chargèrent rudement. Ils reprirent leur bagage, firent prisonnier La Bastide, tuèrent sept à huit de ses soldats, mirent le reste en fuite, enlevèrent dix chevaux de sa compagnie et entrèrent ainsi dans Meaux (2).

Henri près de Meaux. — Le 24 janvier 1591, Henri vint près de Meaux, ses troupes campèrent à Monthyon, Marcilly et Barcy. Le lendemain, une trentaine de cavaliers environ vinrent jusqu'à Crécy et s'avancèrent jusqu'au faubourg Saint-Rémy de Meaux, mais ils furent aperçus par les ligueurs de la ville et se retirèrent. Le 31 toutes les troupes du roi délogèrent se dirigeant sur Provins (3).

(1) Dom Toussaints Du Plessis, *Histoire de l'église de Meaux*, t. I, p. 403.

(2) Dom Toussaints Du Plessis, *Histoire de l'église de Meaux*, t. I, p. 404.

(3) Dom Toussaints du Plessis, *Histoire de l'église de Meaux*, t. I, pp. 405-406.

Convoi enlevé. — Le 9 août 1591, quelques bouchers et autres marchands de Paris partirent de Meaux avec cent bêtes à cornes et quatre cents bêtes blanches, escortés par le capitaine Desloges. A son arrivée à Quincy l'escorte, qui était d'environ trente cavaliers, fut chargée par la garnison de Crécy et quelques soldats du capitaine royaliste Givry, au nombre de cinquante chevaux. Desloges y fut tué avec six ou sept de ses gens et deux marchands. Plusieurs autres furent pris et conduits prisonniers à Crécy. Tout le bétail fut enlevé. Le corps de Desloges fut rapporté à Meaux le lendemain (1).

Entreprise sur Crécy. — Le 11 octobre, Rentigny, qui avait succédé à Tury comme gouverneur de Meaux, partit de nuit avec sa cavalerie et toute l'infanterie du Marché de Meaux, dans le dessein de surprendre le lendemain, à l'ouverture des portes, la ville de Crécy. Rentigny avait fait, pour surprendre la garnison, déguiser plusieurs jeunes soldats en filles et d'autres en vignerons. Tous portaient leurs armes sous leurs habits. De plus le capitaine Du Pesché, gouverneur de La Ferté-Milon, alors logé à Tancrou devait se joindre à eux avec son régiment. Mais cette entreprise ne réussit pas.

Un cavalier de Montigny s'était avancé jusqu'au Pont-aux-Dames pour prendre un guide, mais deux cavaliers de Crécy en ronde en cet endroit, ayant vu des troupes rôder aux environs, retournèrent au galop à Crécy où ils donnèrent l'alarme (2).

Prise de la Chapelle. — Le 16 Rentigny s'empara du

(1) Dom Toussaints Du Plessis, *Histoire de l'église de Meaux*, t. I, p. 408.

(2) Dom Toussaints Du Plessis, *Histoire de l'église de Meaux*, t. I, p. 408.

village de La Chapelle-sur-Crécy, où les royalistes avaient envoyé quelques soldats de la garnison de Crécy pour protéger des ouvriers qui démolissaient le château du lieu. Ces soldats résistèrent assez longtemps et perdirent là huit ou dix des leurs, mais, contraints de plier, ils se retirèrent à Crécy.

Verdelot. — Le 30 suivant, Verdelot, lieutenant de la compagnie de Rentigny, avec une quinzaine de cavaliers, escorta quelques voituriers qui conduisaient des vins à Meaux, quand il fut attaqué vers les Épermailles par la garnison de Crécy qui le poursuivit imprudemment jusque sous l'église de Saint-Germain de Cornillon. Là l'infanterie du Marché vint au secours de Verdelot qui aussitôt, tournant bride, mit en fuite, à son tour, les gens de Crécy qui, dans cette action, perdirent quelques chevaux, quelques cavaliers et Thévenart, leur capitaine, qui fut tué sur la place.

Pendant tout le mois de janvier 1592, les garnisons de Crécy, Dammartin et autres lieux voisins, battirent la campagne aux environs de Meaux, et y causèrent de grands dommages (1).

Ventes de bois. — Le 16 juillet 1595, Henri IV, étant au camp de Fisme, donna ordre de faire une vente extraordinaire dans les forêts de Compiègne et de Crécy (2).

Le 9 décembre 1596 Henri, étant à Rouen, donna l'ordre de procéder à une vente extraordinaire de bois dans les forêts de Compiègne et de Crécy, jusqu'à la somme de quatre mille cinq cents écus, pour la réparation du pont Saint-Michel à Paris (3).

(1) Dom Toussaints Du Plessis, *Histoire de l'église de Meaux*, t. I, p. 409.

(2) Boutaric, *Carton des Rois*, n° 3519, p. 570.

(3) Boutaric, *Carton des Rois*, n° 3523, p. 570.

Barrage. — Les communications de la Brie avec Paris, par Meaux, Crécy et Lagny, y étaient devenues très difficiles à cause du mauvais état du chemin de Montévrain à Lagny. Le 5 février 1605 survint un arrêt du Conseil d'État rendu à Paris, renvoyant aux trésoriers de France à Paris une requête des habitants de Lagny, Coulommiers, Château-Thierry, Meaux, Crécy, etc., tendant à l'établissement d'un barrage dont le produit serait affecté à la réparation du chemin de Montévrain à Lagny (1).

Emprunt. — La ville de Crécy avait emprunté 1.800 livres pour l'entretien de sa garnison pendant les troubles ; un arrêt du Conseil d'État, rendu à Fontainebleau le 21 novembre 1606, autorisa cette ville à contracter un emprunt pour rembourser cette dette (2).

Arquebusiers. — La compagnie d'arquebusiers de Crécy existait déjà en 1617. Elle acquit en 1647 l'emplacement de l'ancienne porte marchande, avec l'atterrissement qui formait le port de la ville entre les remparts et la rivière, et y établit les bâtiments et le jardin de l'arquebuse. En 1759, les arquebusiers furent maintenus en possession d'île et atterrissement, à la porte marchande de Crécy (3). Le 18 mars 1755, la décharge d'une amende de trois mille livres, prononcée contre la compagnie pour avoir fait couper les arbres, formant les allées de leur jardin, fut accordée aux chevaliers de l'arquebuse (4).

(1) N. Valois, *Arrêts du conseil d'État*, t. II, n° 8.921, p. 222.

(2) N. Valois, *Arrêts du conseil d'État*, t. II, n° 10.632, p. 343.

(3) Lemaire, Archives de Seine-et-Marne, Relevé des documents, p. 140.

(4) Lemaire, Archives de Seine-et-Marne, Relevé des documents, p. 229.

Les arquebusiers de Crécy vinrent au tir du prix général de l'arquebuse auquel prirent part quatre-vingt-trois compagnies, comprenant cinq cent quatre-vingt-onze tireurs des provinces d'Ile-de-France, Brie, Champagne, Picardie. Les prix au nombre de quatre-vingts avaient une valeur totale de dix mille livres, dont une belle montre valant cinq mille livres, donnée par le prince de Rohan Soubise, gouverneur de Champagne et de Brie, qui vint lui-même faire l'ouverture du tir. Un tireur de Crécy, nommé Moreau, gagna la montre par un coup de broche (1).

Dans les Archives de Seine-et-Marne, on voit le plan du jardin des chevaliers de l'arquebuse (2).

Le dicton ou chanson des arquebusiers de Crécy était le suivant :

Dicton de la pamphille (3)
Sur la pamphille et rognure,
Voilà bien des ris;
Mais dans cette conjoncture,
Nous nous vengeons de l'injure
Avec des prix,
Avec des prix (4).

Ferme des Feux. — Parmi les cens et rentes dus au comté de Crécy, 1619-1620, se trouve la Ferme des Feux de la ville de Crécy, de La Chapelle, Mongrolle, Montaudier-le-Haut, etc., « à raison de cinq sous par chaque

(1) C. Carro, *Histoire de Meaux*, p. 368.

(2) Lemaire, Archives de Seine-et-Marne, t. I, supplément à la série E, p. 67.

(3) Les pamphilles paraissent être des rognures de molues ou morues que les habitants du canton aimaient à manger crues. (Note de MM. Leroy et Bourquelot).

(4) P. Tarbe, *Romancero*, t. V, p. 49.

homme tenant feu, non tonsuré, bigame ou qui a épousé une veuve (1). »

Mission. — En 1625, Vincent de Paul fonda la Congrégation de la Mission, spécialement « destinée à instruire le peuple de la campagne et à former au saint ministère ceux à qui le salut de ces mêmes peuples devait un jour être confié ».

Confrérie charitable. — La confrérie charitable du Saint Nom de Jésus fut fondée en la ville de Crécy-en-Brie par « vénérable Jan (Jean) de la Salle, supérieur, Louitre, Almivas, Ozanne, Thibauld, et Louis, tous prebtres missionnaires, faisans en ceste ville de Crécy, le dimanche 17e jour du mois de juillet, l'an de grâce 1639, l'exercice de leur profession, etc., par l'ordre de monseigneur Dominique Seguier, évesque de Meaux. Règlement : 1° La confrérie est instituée pour honorer N.-S. J.-C., son patron, et sa sainte mère et pour assister les pauvres malades. — 2° La dite confrérie sera composée d'un nombre limité de femmes et filles, celles-ci du consentement de leurs pères et mères et celles-là de leurs maris. Elles éliront trois d'entre elles : la première prendra le titre de supérieure. — 3° Elle veillera à ce que le règlement s'observe ; que chaque sœur fasse bien son devoir ; recevra les pauvres malades et les congédiera quand ils seront guéris, etc. (2). »

La fondation de cet établissement fut faite par les donations suivantes ; par Marguerite Favières, Anne le Pelletier, Marie Michelet et Pierrette Berrin, filles majeures demeurant à Crécy, savoir : par la première de tous ses meubles et revenus, à l'exception d'une somme de

(1) Archives de Seine-et-Marne, t. III, supplément à la S.-E p. 5.

(2) Lemaire, Archives de Seine-et-Marne, t. II, supplément à la série H, p. 53.

1000 livres à elle due par madame la marquise de Laval, dame comtesse de Crécy; — *item*, la petite ferme de Chêne-Rond, en la paroisse de Tigeaux; — par lesdites Anne le Pelletier, Marie Michelet et Perrette Berrin, de tous leurs biens meubles et immeubles désignés en l'acte pour être employés à l'établissement d'une communauté de filles séculières et charitables, etc. (1).

La Charité de Crécy fut, avec ses revenus, réunie à l'hôpital de l'Hôtel-Dieu de la même ville par décret impérial du 22 juin 1810 (2).

Il existait également, vers 1674, une Charité des pauvres à la Chapelle-sur-Crécy et à Saint-Martin-les Voulangis (3).

Par le titre de fondation, ces mêmes missionnaires devaient recevoir gratuitement, une fois par an, les jeunes ecclésiastiques que l'évêque leur envoyait pour se préparer, par la retraite et la prière, à recevoir dignement les Saints Ordres.

Seguier, évêque de Meaux, consentit à cette fondation, la même année, à condition que cette communauté serait soumise à la juridiction épiscopale en toutes les fonctions qui regardaient l'instruction des peuples ou l'administration des sacrements. Quelques années après, cette communauté se trouva réduite au nombre de trois prêtres et de deux frères, elle avait quinze cents livres de revenu. De Ligny, évêque de Meaux, fonda un quatrième prêtre en 1676. Enfin, le

(1) Lemaire, Archives de Seine-et-Marne, t. II, supplément à la série H, p. 54.

(2) Lemaire, Archives de Seine-et-Marne, t. II, supplément à la série H, p. 54.

(3) Lemaire, Archives de Seine-et-Marne, t. II, supplément à la série H, p. 209.

malheur des temps l'ayant encore, dans la suite, réduite à un seul prêtre accompagné d'un frère; l'évêque de Bissy renouvela de ses propres deniers la fondation du 26 février 1729; de manière qu'elle devait toujours être composée de quatre prêtres et deux frères.

L'église de ce couvent, qui était sous le titre de Saint-Joseph, a été démolie et a été remplacée par une belle habitation; le surplus des bâtiments sert de caserne à une brigade de gendarmerie (1).

Château de Crécy à la Mission. — Le roi Louis XIII fonda lui-même, par Lettres patentes du mois de mars 1641, un établissement pour la Congrégation de la Mission à Crécy. Il céda même, pour ce sujet, son château de Crécy avec une rente de quatre mille livres, pour l'entretien de huit prêtres et de deux frères de cette Congrégation.

A cette somme, Pierre Lorthon, conseiller du roi et secrétaire de la reine, joignit quatre autres mille livres de rente qui devaient être dépensées en aumônes dans les missions, faites par ces prêtres, sur les ordres de l'évêque de Meaux (2).

Pierre-César du Cambout. — Pierre César du Cambout fut colonel général des Suisses et Grisons, et mourut âgé de vingt-huit ans, le 10 juillet 1641, un an après être devenu engagiste de Crécy, des blessures qu'il avait reçues au siège d'Aire. Il avait épousé Marie Séguier, fille aînée de Pierre Séguier, chancelier de France, dont il eut Armand qui suit et Charles César du Cambout, chevalier de Malte, mort le 13 février 1699.

(1) Michelin, *Essais historiques sur le département de Seine-et-Marne*, t. II, pp. 628 à 641. — De Boislisle, *Mémoires des Intendants*, t. I, p. 85.

(2) Dom T. Du Plessis, *Histoire de l'église de Meaux*, t. I, p. 451.

Marie mourut le 31 août 1710, âgée de soixante-douze ans.

Armand du Cambout. — Armand de Cambout, duc de Coislin, pair de France, né le 1er septembre 1635, succèda à son père. Il épousa Magdeleine de Halgoët, dont il eut un fils, Pierre, qui lui succéda et Henri Charles né le 15 septembre 1664, duc de Coislin, après la mort de son frère aîné, pair de France, évêque et prince de Metz et premier aumônier du roi. Armand mourut le 16 septembre 1702, âgé de soixante-neuf ans.

Marie Séguier de Laval. — En 1692, Marie Séguier, devenue marquise de Laval par son second mariage, fit le 24 juillet, devant Bridou, notaire, une concession relative à la possession du passage commun, derrière le pont de la prison de Crécy (1).

Pierre du Cambout. — Pierre du Cambout, duc de Coislin, pair de France, succéda à Armand son père. Il mourut le 27 mai 1710, âgé de quarante-six ans, sans postérité de Marie d'Alegre (2).

Coupe de bois. — Par permission des Eaux et Forêts, en date du 15 juillet 1694, Marie Séguier, marquise de Laval, usufruitière pour moitié du domaine de Crécy; Armand du Cambout, duc de Coislin, pair de France, et Charles César du Cambout, propriétaire à titre d'engagement du dit domaine, obtenaient le droit de couper 200 arpents de bois taillis, à eux délivrés en 1694 avec les 200 arpents de l'ordinaire de 1695 (3).

Henri Charles du Cambout. — Henri Charles, évêque

(1) Lemaire, Archives de Seine-et-Marne, série AE, supplément à la série E, p. 65, t. I.

(2) Moreri, *Dictionnaire historique*, t. II, p. 268.

(3) Lemaire, Archives de Seine-et-Marne, relevé de documents, t. X, p. 206, n° 2083.

de Metz, devint alors engagiste de Crécy. Il fut en 1710 un des quarante de l'Académie. Il dépensa, en 1728, plus de cinquante mille écus à la construction d'un corps de caserne à Metz, pour les officiers et soldats de la garnison de cette place. Il mourut à Paris le 26 novembre 1732.

Condé. — En 1645, le prince de Condé était parmi les mécontents, et, fortifié par les calvinistes, il se prépara à la révolte. Il envoya un de ses agents, de Beaulieu Friayse, lever des gens de guerre. Celui-ci fut arrêté et mis en jugement. Le 4 septembre 1615, Condé se trouvait à Crécy où il déclara qu'il traiterait les partisans de la cour avec la même rigueur que ceux-ci auraient traité son agent (1).

Foires et Marché. — Le roi Louis XIV donna à Paris, au mois de mai 1655, des lettres-patentes portant établissement de deux foires annuelles et d'un marché hebdomadaire à Crécy. On possède un plan pour l'emplacement des marchands (2). Vers 1700, Crécy avait une foire qui était tenue le 29 septembre, jour de saint Michel (3).

En 1755, après l'établissement de deux foires annuelles et d'un marché hebdomadaire, la marquise de Laval, comtesse de Crécy, réglemente les officiers de la prévôté à ce sujet (4).

Pavage. — En 1656, il fut absolument nécessaire de refaire le pavage des rues, et de reconstruire les ponts. Le Conseil d'État rendit un arrêt ordonnant l'imposition

(1) M. Molé, *Mémoires*, t. I, pp. 88-89.

(2) Lemaire, Archives de Seine-et-Marne, t. I, supplément, p. 67.

(3) De Boislisle *Mémoires des Intendants*, t. I, p. 350.

(4) Lemaire, Archives de Seine-et-Marne, série AE, supplément de la série E, t. I, 69.

d'une somme de six mille livres en la généralité de Paris, à percevoir, par moitié, en deux ans, pour subvenir aux frais du rétablissement des ponts, pavés et avenues de Crécy.

Imposition. — Puis un arrêt du 30 octobre 1656 portait que : la ville de Crécy ayant fait rétablir, outre son Pont-Court, le pont de la porte de la Chapelle, cette imposition de six mille livres serait levée en une seule année. Un entrepreneur, le sieur Florent, s'engagea à refaire le rétablissement total du pavé de la ville, en deux ans, moyennant douze mille livres (1).

Filles charitables. — Sous le pontificat de l'évêque de Meaux de Ligny, fut fondé à Crécy, en 1674, un établissement de piété où des filles séculières vivant en commun, instruisaient les jeunes filles, assistaient les pauvres de leurs soins et leur distribuaient les secours qu'elles avaient reçus à ce sujet. L'établissement fut fondé à Crécy par trois filles de piété qui y consacrèrent la meilleure partie de leurs biens. Cette communauté reçut le nom de *Filles Charitables.* Ces séculières obtinrent des lettres-patentes au 11 avril 1675, à condition que cette communauté ne pourrait dans la suite être changée en monastère, et que ces séculières ne seraient jamais admises à faire des vœux, ni à prendre l'habit d'aucun ordre religieux (2). Le devoir de ces filles était de vivre en commun, d'instruire les jeunes filles, de s'occuper de divers travaux pour la décence et l'ornement des autels, d'assister les pauvres de leurs soins et de leur distribuer les charités qui leur seraient remises pour cette destination.

(1) Lemaire, Archives de Seine-et-Marne, t. I, série AE., supplément, p. 66.

(2) Dom V. du Plessis, *Hist. de l'église de Meaux*, t. I, p. 467.

Louis XIII. — Le roi Louis XIII avait en 1648 retiré le comté de Crécy au duc de Vendôme, il l'engagea de nouveau en 1640 au profit de M. César du Cambout, marquis de Coislin, petit-neveu du cardinal de Richelieu, moyennant la somme de deux cent vingt-cinq mille livres (1); la dite seigneurie consistant en un château de présent en ruines, cours et jardins, droits de fiefs et arrière-fiefs, toute justice haute, moyenne et basse, amendes, confiscations, cens, rentes, lods, ventes, terres, prez, droits seigneuriaux et féodaux, usages, estangs, et moulins, vente de bois, châblis et taillis, poissons et glandée, forfaictures et amendes, des Eaux et Forêts, etc. (2).

Procès-verbal de protestation. — En 1678, les habitants du marché de Crécy avaient été réunis à la paroisse Saint-Georges de cette ville. Les habitants de la paroisse de Notre-Dame de la Chapelle-sur-Crécy firent dresser un procès-verbal, le 19 mai 1678, par Sautereau, notaire, contenant opposition à la réunion des habitants du marché à la paroisse Saint-Georges. Une autre opposition, relative au même objet, fut formée par le curé de la Chapelle, le prévôt de Crécy, le prieur de Saint-Martin, curé primitif de la Chapelle, et autres (3).

Droits de vin. — En 1683, plusieurs paroisses du comté de Crécy refusèrent de payer les droits de vin *manquants* des inventaires et se soulevèrent contre les fermiers des aides. Ceux-ci demandèrent qu'on envoyât le prévôt et sa compagnie, mais l'intendant de Menard objecta, le 7 septembre 1683, au contrôleur général

(1) De Boislisle, *Mémoire des Intendants*, t. I, p. 463.

(2) Archives de Seine-et-Marne, t. III, S. à S. E, p. 6.

(3) Lemaire, Archives de Seine-et-Marne, t. I, série AE, supplément, p. 67.

qu'une semblable mesure ruinerait totalement les habitants qui seraient disposés à payer si on leur faisait remise des frais, et qu'il suffirait d'envoyer sur les lieux un ou deux gardes de la prévôté de l'hôtel (1). Cette affaire paraît avoir été pacifiquement apaisée.

Rôle des tailles. — En 1690, les habitant de Crécy envoyèrent au contrôleur général une requête par laquelle ils demandaient que, ainsi qu'il avait été fait pour Meaux, le rôle des tailles de Crécy fût fait, pour l'année 1691, par douze habitants, et que ce rôle fût suivi et exécuté les années suivantes par les collecteurs, sans que les rôles pussent être à l'avenir, augmentés ou diminués qu'au sol la livre de l'augmentation ou diminution de la taille. De Menars, intendant à Paris, répondit au contrôleur général qu'il ne serait pas juste d'accorder cette demande, parce qu'il y a une grande différence entre Meaux et Crécy; parce que douze habitants qui seraient collecteurs, formeraient la partie la plus considérable de la ville et seraient les maîtres d'accabler les pauvres. L'intendant fut donc d'avis de ne rien changer à ce qui existait, mais pour donner satisfaction aux habitants, il dit que Sa Majesté pouvait ordonner que le rôle de l'année prochaine 1691 fût fait en présence de Macé, président en l'Élection de Meaux, homme probe et exact qui entendrait les habitants et ferait pour le mieux possible (2).

Hôtel-Dieu. — En 1695, la lèpre avait à peu près complètement disparu de France; et l'on donna une nouvelle destination aux maladreries. Un arrêt du con-

(1) De Boislisle, *Correspondance des contrôleurs généraux*, t. I, p. 6, nº 21.

(2) De Boislisle, *Correspondance des contrôleurs généraux*, t. I, p. 6, nº 21.

seil privé du Roi rendu le 25 mars 1595, d'après l'avis de l'évêque de Meaux, et du sieur Phélypeaux, conseiller d'État, intendant et commissaire en la généralité de Paris, sur l'emploi, à faire au profit des pauvres, des biens et revenus des maladreries et autres lieux pieux, ordonna ce qui suit : les biens appartenant à la maladrerie de Crécy, à l'hôpital de Villeneuve-le-Comte et à la maladrerie de Couilly, seront unis à l'hôpital de Crécy, à la charge de satisfaire aux prières, services et fondations dont peuvent être tenus les établissements et de recevoir les pauvres des dits lieux de Villeneuve-le-Comte et Couilly, à proportion des revenus de leur hôpital et maladrerie. Cette réunion n'eut lieu qu'en ce qui concernait la maladrerie de Crécy ; un règlement, à cet effet, fut donné par J. B. Bossuet, évêque de Meaux. Règlement d'administration pour l'établissement hospitalier de Crécy portant : « Article Ier. L'Hôtel-Dieu ou hôpital de Villeneuve-le-Comte et l'Hôtel-Dieu ou maladrerie de Couilly, demeureront, comme ci-devant, en l'administration des curez, officiers et habitants des dits lieux, ou de ceux à qui ils appartiennent, ou pour en être les revenus employez au soulagement des pauvres. — Article VIII. Seront reçus au dit Hôtel-Dieu ou hôpital les pauvres malades de l'un et l'autre sexe de la ville et marché de Crécy et non d'autres lieux (1) ». L'Hôtel-Dieu de Crécy est fort ancien, il existait en 1217 et suivant un titre de 1226, il était administré par des religieux. La chapelle de cet hôtel était sous le titre de Saint-Jean. Le seigneur du lieu présentait et l'évêque conférait. L'Hôtel a toujours été exclusivement destiné aux habitants de la ville et son revenu annuel,

(1) Lemaire, Arch. de S.-et-M., t. II, supplément à la série H, p. 49 et 51.

d'environ cinq mille francs, était affecté au traitement des pauvres malades et infirmes, à la distribution des secours à domicile et à l'instruction gratuite des filles pauvres. Il était desservi en 1829 par trois sœurs de l'ordre de Saint-Joseph de Lyon et administré par une commission de cinq membres (1).

Biens et charges de l'Hôtel-Dieu. — L'Hôtel-Dieu possédait de 1772 à 1789, à Voulangis, 40 arpents 86 perches de terres labourables; 4 arpents 12 perches de pré affermés avec deux redevances en grains, l'une de seize boisseaux, 2/3 blé, 1/3 orge, assignée sur le domaine de Crécy; l'autre de 8 boisseaux de blé et 4 boisseaux d'avoine, due par l'abbaye Notre-Dame de Meaux, le tout dépendant originairement du domaine de la maladrerie de Crécy, réunie à l'hôpital du lieu; — à Tigeaux, 4 arpents 39 perches de terre, sis en ce lieu et à Voulangis, provenant de la même origine; rentes, 21 livres assignées sur une maison, jardin, terres et vignes sis à Montbrieux, paroisse de Guérard, dues par Julien Denis et Marguerite Hélène Opoix, sa femme; — 25 livres à prendre sur une maison et dépendances au dit Guérard, en censive du seigneur de ce lieu; — 23 livres 4 sous sur les tailles de l'Election de Meaux, créées au denier 50, moyennant 1.160 livres et réduites indûment à 464 livres suivant titre nouvel donné par les prévôts et échevins de la ville de Paris; — 488 livres sur le clergé de France, exemptes de toute imposition. — Charges : par délibération du 27 décembre 1777, il a été nommé un secrétaire du bureau d'administration aux gages de 6 livres par année, qui ont été porrés ultérieurement à 12 livres (2).

(1) Michelin. *Essais historiques*. t. II, p. 626 à 641.

(2) Lemaire. Arch. de S.-et-M., t. II, suppl. à la série H, pp. 49, 50.

Dans le cueilleret (1711-1785) des rentes et revenus de l'ancien domaine de l'Hôtel-Dieu de Crécy dus annuellement nous lisons : par la fabrique de l'église du lieu 45 livres, suivant acte du 5 février 1775; — le domaine de Crécy, 2 setiers de grains; — Edme Desmarets, vigneron à Voulangis, pour 15 arpents 85 perches de terre, 8 quintaux et 32 livres et demi de blé; — Étienne Boucault, aubergiste à la Belle-Idée, locataire, 4 arpents 50 perches de terre, 9 quintaux de blé; — François Martin, cultivateur à Bouleurs, pour 4 arpents 22 perches trois quarts de terre, 41 livres 10 sous, etc. (1).

Bois de l'Hôtel-Dieu (1751-1775). — Il fut vendu, par les administrateurs de l'Hôtel-Dieu, la superficie de 17 arpents 12 perches de bois en 2 pièces, moyennant 3.700 livres; — il fut vendu, au même titre, sur la mise à prix de 4.000 livres, la superficie de 27 arpents 28 perches de bois, taillis, récépages et arbres, moyennant 7.200 livres, 4 cordes de bois brigot et 2 cordes de coterets. D'après des procès-verbaux de mesurages l'Hôtel-Dieu possédait aux territoires de Bouleurs, Tigeaux et Voulangis 342 arpents et huit douzièmes en terres, prés et bois (2).

Les fiefs en 1695.

Dans les pièces concernant la convocation du dernier arrière-ban de la noblesse de Champagne et de Brie, en l'année 1695, nous trouvons les déclarations suivantes intéressant le comté de Crécy.

(1) Lemaire, Archives de Seine-et-Marne, t. II, supplément à la série H, p. 50.

(2) Lemaire, Archives de Seine-et-Marne, t. II, supplément à la série H, p. 50.

CHATELLENIE DE CRÉCY

Les Ruelles. — Le fief des Ruelles, sis à Montevrain, appartenant à évalué en 1535 à XL l. (deffaut).

Saint-Martin-des-Champs. — Le fief de Saint-Martin-des-Champs, appartenant à évalué X L. (deffaut).

Montberthouin. — Le fief de Montberthouin, assis en la paroisse de Montreuil, appartenant à Mr Hervé, conseiller au grand conseil, évalué en 1635 à CL livres (Deffaut, depuis a été remontré que le sieur Hervé est exempt par sa qualité.)

Vallière. — Le fief de Vallière, sis à Bouleurs, appartenant à M[r] le duc de Montbazon, évalué à VI fois vingt livres. (Mr Berthelot procureur a remontré que le d. sieur de Montbazon est exempt par sa qualité.)

La Tournelle. — Le fief de la Tournelle, assis à Magny-le-Hongre, évalué IX fois vingt livres.

Le Bois-Destroit. — Le fief du Bois-Destroit appartenant au d. sieur Montbazon évalué XL livres.

Bailly-Romainvilliers. — La terre et seigneurie de Bailly-Romainvilliers appartenant à Mr Molé, conseiller au Parlement, évaluées II fois cent livres. (Mr Mondalot a remontré que le d. sieur de Molé est exempt par sa qualité.)

Le Vivier-les-Coutevroust. — Le fief du Vivier-lès-Coutevroust-en-Brie, appartenant à Messire François de Bourlamacq, évalué IIII fois cent livres. (C. Tronchet procureur a remontré que le d. sieur de Bourlamacq est exempt, attendu qu'il a son fils page du roy, en la grande Écurie, ainsi qu'il l'a justifié.)

La Mothe-Villeneuve. — Le fief de la Mothe-Villeneuve, dépendant des terre et seigneurie du Vivier, appartenant au d. s[r] de Bourlamacq, évalué XX livres.

La Cour-l'Évêque. — Le fief de la Cour-l'Évêque assis à Coutevroust appartenant à Me Coignet, conseiller honoraire au Parlement de Paris, évalué LX livres. (Bertelot procureur a remontré que le d. sieur Coignet est exempt.)

Serris. — La terre, seigneurie et châtellenie de Serris appartenant à Me Nive Jacques Malo, chevalier conseiller au grand conseil, évaluée, VI fois cent livres. (M. Mondollot a remontré que le d. sieur Malo est exempt, attendu sa qualité.)

La Mothe-Couternoux. — Le fief de la Mothe-Couternoux appartenant au d. sieur Malo, évalué VII fois vingt livres.

Bassins. — Le fief des Bassins, sis à Romainvilliers, appartenant à Hubert de Champy escuyer, évalué LX livres. (C. Tronchet procureur a remontré que le d. sieur de Champy est depuis plusieurs années garde du roy actuellement servant, pourquoy requiert sa décharge.).

La Mothe-Coutevroust. — Le fief de la Motte-Coutevroust appartenant au Sr de Chevry, évalué à III fois cent livres.

Le Four de la Mazure. — Le fief du Four de la Magure sis à appartenant à évalué XXV livres. (Deffaut.)

La Croix-à-Bouleur. — Le fief de la Croix-à-Bouleur et de Sarcy appartenant à Mr de Gorge d'Antraigues, secrétaire du roy. (Durand p[r] a remontré que le d. S. d'Antraigues est exempt par sa qualité.)

Bailly. — Le fief de Bailly assis en la paroisse de

Villeneuve-Saint-Denis appartenant au S. de Villermond, à cause de la dame son épouse et aux enfants mineurs du sieur Bachelier de Beaubourg, receveur général des finances et payeur des ventes à Orléans évalué II cents livres. (Charles procureur a remontré que le d. sieur est dispensé de servir et contribuer l'année présente suivant le brevet de Sa Majesté du 31 mai 1694, dont il a laissé copie au greffe et que le d. sieur Bachelier de Beaubourg est exempt par ses qualités.)

La Guette-Citoy. — Le fief de la Guette-Citoy, appartenant au d. sieur de Villemond et aux dits mineurs, évalué L livres.

Le Bois de Citoy. — Vingt-deux ou vingt-trois arpents de bois taillis, appelé le Bois de Citoy, faisant partie de cent dix-neuf arpents appartenant pour quatorze arpents aux d. sieurs de Villermond et enfants mineurs du Sr de Beaubourg.

Le Carrouge. — Le fief de Carrouge, assis en la paroisse de Guérard, consistant en l'hôtel seigneurial, enclos et accins, contenant cinq arpents ou environ, appartenant à Dam^lle Françoise Jacquart, veuve de Robert de Mazaucourt escuyer vivant lieutenant des chasses de la capitainerie royale de Fontainebleau, évalué le tout à IIII fois cent livres. (Berthelot procureur a remontré que le d. Sr de Mazaucourt est décédé pourvu de la d. charge, couché sur l'état et payé de ses gages, que sa veuve est exempte en sa qualité de faire rendre le service et de contribuer à l'arrière-ban, dont elle a été déchargée par notre sentence du 28 juin 1690, pourquoy soutient pareille décharge l'année présente.)

Premal. — Le fief de Prémal près de Tigeaux appartenant à Philippe-François Favières, advocat en Parlement à Paris. (Bridou procureur a remontré que le dit

Mr Favières est exempt de servir et contribuer, attendu sa qualité de bourgeois de Paris qu'il a justifiée devant nous.)

Thigeault, Villegodet, le Pré du Moulin, Jean de Lagny, le Pré d'Hausset, Maître Maillard de Menat. — Les fiefs de Thigeault, Villegodet, le Pré du Moulin à Thigeault, Jean de Lagny, le Pré d'Hausset et de Maître Maillard de Menat, appartenances et dépendances appartenant à Louise Grangey veuve de Me Antoine des Belles. (Bridou procureur a remontré que la dite dame des Belles est exempte comme bourgeoise de Paris dont elle a fait registrer lettres en notre greffe, l'année dernière, pourquoy soutient sa décharge.)

Mariaval. — Le fief de Mariaval assis entre Crécy et Coulommiers appartenant à la dame des Belles, évalué avec ceux énoncés en l'article précédent à VIII fois cent livres.

Le Plessis-Grandin ou *Le Plessier-Sainte-Avoye.* — Le fief du Plessis-Grandin autrement le Plessier-Sainte-Avoye appartenant à M[rs] des Pontis évalué II fois cent livres (C. Tronchet, procureur, a remontré que les d. sieurs des Pontis sont exempts, l'un en qualité de capitaine aux Gardes françaises, et l'autre comme Receveur général de l'Hôtel de Ville et bourgeois de Paris.)

Bessy. — Le fief de Bessy appartenant à dame Élisabeth Favières, veuve de Didier Viard, écuyer secrétaire du Roy, évalué C livres (Bridou procureur a remontré que la d. dame est exempte comme veuve de secrétaire du roy et bourgeoise de Paris.)

Monterrand, Serbonne. — La terre et seigneuries de Monterrand et Serbonne appartenant en partie à la dame des Belles et pour l'autre partie à la d. dame

Viard, évaluées VI fois vingt livres (pareilles remontrances pour la dite dame des Belles.)

La Chapelle-Libernon. — Le fief, terre et seigneurie de La Chapelle et Libernon près Crécy-en-Brie, appartenant au d. sieur d'Antraigues, secrétaire du roy et conseiller au parlement de Metz, évalués IIII fois cent livres (Durand a remontré l'exemption du d. sieur d'Antraigues attendu les qualités.)

Montaudier-le-Haut. — Le fief de Montaudier-le-Haut assis en la paroisse de La Chapelle-lès-Crécy.

Montaudier-le-Bas. — Le fief de Montaudier-le-Bas; évalués ensemble V fois cent lives.

Roizes. — Le fief des Roizes évalué LX livres.

La Mothe-Montaudier. — La Mothe-Montaudier faisant la troisième partie de la d. seigneurie de Montaudier distrait et démembré du fief et seigneurie de La Chapelle Libernon évalué VIII fois cent livres.

Montaunier, Longis. — Le fief de Montaunier et de Longis évalués IIII fois cent livres.

Mongrosle. — Le fief et seigneurie de Mongrosle, évalué LX livres.

Goix. — Le fief de Goix assis au dedans de la ville de Crécy, tous les dits fiefs et seigneuries appartenant au d. sieur d'Antraigues.

Serbonne en partie. — Portion d'un fief sis à Serbonne consistant en menus cens, rentes et droits, appartenant à la dame Viard (pareilles remontrances pour la dite dame).

Sarcy. — Le fief de Sarcy appartenant à évalué C livres (deffaut).

La Roche. — Le fief de La Roche assis à la Celle appartenant à évalué en 1635 LX livres.

Voulangis. — La terre et seigneurie de Voulangis

appartenant à Mr le duc de Montbazon, évaluée IIIIc XX livres (pareille remontrance que cy-devant).

L'Ursine. — Le fief de l'Urcine sis à Villiers compris au d. fief de Voulangis.

Les Hautes-Maisons. — Un autre fief sis à Coupvrez appelé le fief des Hautes-Maisons, évalué en 1635 VI fois vingt livres XV livres.

Bouleur. — Le fief de Bouleur évalué XXX livres. Tous les dits fiefs appartenant au d. sieur de Montbazon.

Les Gorests. — Le fief des Gorests appartenant à évalué en 1635 à XVIII livres (deffaut.)

Les Cavellières. — Le fief des Cavellières assis à Montry consistant en maison, cour, grange, jardins et cinquante arpents ou environ, tant terres que prés, appartenant à la veuve et héritiers du S. de Reilhac, évalués II fois cent et vingt-cinq livres (C. Tronchet procureur a remontré que le d. sieur de Reilhac a fourni un gentilhomme l'année dernière en l'escadron de ce bailliage, suivant le certificat du S. de la Fosse, commandant donné à Meaux le 2 octobre 1694 dont l'original a été représenté et copie laissée au greffe.)

Chanteprime. — Le fief de Chanteprime sis à Chanteloup, appartenant au d. sieur de Reilhac, évalué IIII fois vingt livres.

Aigrefin, Trois-Maisons. — Le fief d'Aigrefin et Trois-Maisons, sis près de la forêt de Crécy, appartenant à madame Bernard, évalué III fois cent livres D. (Bridon procureur a remontré que la d. dame Bernard, comme veuve de secrétaire du roy, est exempte.)

La Pointe. — Le fief de la Pointe assis en la paroisse de Mortcerf, appartenant au sieur Aymé Jean de Paris (deffaut).

Bouleur. — Le fief de Bouleur et demy muid de grain appartenant à évalué en 1635 à CX livres (deffaut).

La Route des Gretz, la Houpière, la Court-Rivière, le Pas-à-l'asne, la Tournelle. — Le fief de la Route des Gretz, La Houpière, la Court-Rivière, le Pas-à-l'asne et la Tournelle près de Villeneuve-Saint-Denis, appartenant pour le d. fief de la Route de Gretz à Jean-Baptiste Goulas escuyer, trésorier de France à Rouen, bourgeois de Paris, évalué à II fois cent livres (Berthelot, procureur, a remontré que le d. sieur Goulas est exempt en ses qualités.)

Montguillon. — Le fief et seigneurie de Montguillon assis en la paroisse de Saint-Germain-les-Couilly, appartenant au S. Huault d'Arsy, évalué IIII fois cent livres (Bridou, procureur, a remontré que le S. d'Arsy est employé du roslle de Capitahon en qualité de gentilhomme au bec de Corbin, pour quoy et attendu son service est exempt.)

Chalifer ou *d'Arigny.* — Le fief de Chalifer, nommé d'Arigny, appartenant à la dam[elle] Ballot d'Arigny, évalué en 1635 à XLVIII livres (C. Tronchet procureur a remontré que la d. dam[lle] est exempte comme bourgeoise de Paris.)

Montry, les Hautes-Maisons. — Le fief de Montry, les Hautes-Maisons appartenant à Estienne-Bernard Langlois, escuyer ordinaire de la feüe Reyne, évalué LX livres (Me Durand procureur a remontré que le d. sieur Langlois est exempt en sa qualité de commensal de la maison de la Reyne).

Liarry. — Le fief de Liarry appartenant à la succession du S. Porcher, évalué VI fois vingt livres (C. Tronchet procureur a remontré que le d. fief appartient à

Mr Saunier, Président en la cour des Aydes, qui est exempt par sa qualité.)

Les Hautes-Maisons. — Le fief des Hautes-Maisons, appartenant aux Religieux Minimes du bois de Vincennes, évalué II fois cent livres (P. Hubert procureur a remontré que les d. Religieux sont exempts.)

Pierre-de-Crécy. — Le fief de Pierre-de-Crécy, appartenant à évalué en 1635 à XXX livres (Deffaut.)

Saint-Martin-les-Crécy. — Le fief, terre et seigneurie de Saint-Martin-de-Crécy, appartenant au S. de Grammont, évalué XII fois cent livres (Mr Bridou procureur a remontré que Mr Louis de Grammont est capitaine d'infanterie au régiment de Tournon, ainsi qu'il accorde le justifier et que la dite terre de Saint-Martin appartient à Angélique de Passage, damoiselle mineure en bas âge, fille de Mr Jean de Passage, chevalier seigneur de Saint-Ceny et de dame Angélique de Comte son épouse, que le d. sieur de Grammont ayant épousé la dite dame de Comte, il a soin, conjointement aux tuteurs de la d. Damlle de Saint-Ceny et requiert pour eux la décharge du service et contribution à l'arrière-ban, l'année présente).

La Court. — Le fief de la Court assis à Couternois appartenant à évalué en 1635 à C livres (deffaut).

Les Bouts-des-Ruelles. — Le fief des Bouts-des-Ruelles appartenant aux Religieux de Sainte-Geneviève evalué en 1635 à C livres (deffaut).

Les Cardinaux. — Le fief des Cardinaux assis en la paroisse de Bailly-en-Brie, appartenant à dame Philippe de Vats veuve de Mre Pierre Poncet, conseiller en la cour des Aydes, évalué L livres (Deffaut et depuis est comparu Mr R. Mondollot procureur qui a remontré que la d. dame est exempte en sa qualité).

La Ferté-Aucol. — La terre et seigneurie de La Ferté-Aucol, appartenant à Mr le comte de Roye, évaluée IIII fois cent livres L. (Berthelot procureur a remontré que le d. sieur comte de Roye commande les gendarmes du roy et en cette qualité est exempt).

Chamigny. — La terre et seigneurie de Chamigny, appartenant au d. sieur comte de Roye, évaluée IX fois cent livres.

Sabaroy, Les Eclicharnes. — Le fief de Sabaroy et Les Eclicharnes, paroisse de Chamigny appartenant à Denis Hébert, bourgeois de Paris. (Chrétien, procureur, a dit que le d. fief appartient à présent aux mineurs du d. Denis Hébert qui est décédé).

Jean de Meaux. — Le fief Jean de Meaux assis à Sabaroy paroisse de Chamigny.

Monsoutin. — Le fief de Monsoutin, paroisse des Essarts, appartenant à Armand Jules de Laval, écuyer sieur de l'Estancourt. (Deffaut et depuis a été remontré que le d. sieur de Lestancourt est lieutenant de l'artillerie de France employé en l'armée du Piedmont et en cette qualité exempt).

Bellot. — La terre et seigneurie de Bellot, appartenant à M. le comte de Bissy, comme ayant épousé la dame veuve de M. le Maistre, conseiller en la grande Chambre du Parlement de Paris, évaluée à VIII fois cent livres (le sieur du Buisson a dit que la dite terre appartient à M. le Maistre fils de la dame le Maistre, conseiller au Parlement et en cette qualité exempt).

La Barre. — Le fief de la Barre près La Ferté Aucol, appartenant à messire Eleonor Courtin, chevalier d'honneur au Présidial de Meaux. (Berthelot a remontré que le d. sieur Courtin est exempt par sa qualité).

Beauval, le Petit Oury, les Bassières, les Hayes de Coussy. — Les fiefs, terres et seigneuries de Beauval, Petit Oury, les Boissières et les Hayes de Coussy appartenant au sieur Courtin de Fauqueux, évalué VIII fois cent livres (Deffaut).

Brinches. — Le fief de Brinches appartenant à la succession de M. de l'Islebonne, évalué VI fois vingt livres (Berthelot a remontré comme cy devant l'exemption de madame la princesse de l'Islebonne).

Vaucourtois. — Le fief, terre et seigneurie de Vaucourtois appartenant à la succession, évalué IIII fois cent livres.

Montion. — La terre et seigneurie de Montion appartenant par moitié à dame Françoise Chevallier à présent femme du d. sieur Eleonor Courtin et pour l'autre moitié à dame Anne Chevallier, veuve de messire Jacques Chevallier, chevalier, seigneur du Coudray, évaluée VIII fois cent livres (Berthelot fait pareilles remontrances pour le d. sieur Courtin : et pour la dite dame Chevallier dit qu'elle est exempte comme bourgeoise de Paris).

Louis Camus. — Le 25 août 1699, fut baptisé en l'église Saint-Georges de Crécy, Charles-Étienne-Louis Camus, né le 23 août, membre de l'Académie des sciences, l'un des savants chargés par Louis XV d'aller en Laponie mesurer les degrés du méridien et déterminer la figure de la terre (1).

Sur la place Camus, on voit, dans la muraille de la maison où il naquit, le buste de Louis Camus.

Camus, maître chirurgien à Crécy vers 1769-1789, était sans doute un de ses descendants.

(1) Lemaire, Archives de Seine-et-Marne, t. II, supplément à la série E, p. 67

Coche. — D'après l'almanach royal de 1699, première année de sa publication, un coche partait de Paris, rue Bourtibourg, pour Lagny, Crécy et Coulommiers, les mardis, jeudis et vendredis, en été, à quatre heures du matin, et, en hiver, à dix heures du matin pour arriver en un jour. En 1775, le carrosse de Coulommiers partait deux fois la semaine en été, le lundi et le jeudi, et une fois en hiver. Parti de Coulommiers à trois heures du matin, il arrivait à Paris, le même jour, à sept heures du soir ; il en repartait le mercredi et le samedi à quatre heures du matin et arrivait à Coulommiers à huit heures du soir.

Le prix de la place était de cinq livres en 1775. De 1782 à 1785, il fut porté à six livres et le port des paquets, à neuf deniers par livre; enfin en 1787 et 1788 le prix de la place était de huit livres, douze sols (1).

Vers 1708, les murs, fossés, remparts et terrains faisant partie du domaine de Crécy furent abandonnés par accensement (2). (Convention par laquelle on prenait un héritage à cens ou à rente foncière).

(1) Bibl. de Meaux, *Almanachs hist. et géogr. du diocèse de Meaux.*

(2) Archives de Seine-et-Marne. Relevé de documents, p. 140.

CHAPITRE V

LE DOYENNÉ

Doyenné. — Les trois doyennés de Brie étaient Crécy, Coulommiers et les Fertés. En 1652 l'évêque Seguier avait partagé son diocèse de Meaux en dix conférences et avait ordonné aux curés de chaque doyenné de se rendre assidûment deux fois par mois, en été, au lieu d'assemblée pour faire des conférences ecclésiastiques pour l'instruction des prêtres curés. Le doyenné de Crécy avait en 1731 vingt-sept cures, à Crécy, Dammartin-en-Brie, Saint-Germain-sous-Couilly, Esbly, Condé Sainte-Libiaire, Montery, Magny-le-Hongre, Coupevrez, Couilly, Bailly, Tigeaux, Maisoncelles, Hautefeuille, La Celle, Villeneuve-le-Comte, Villiers-sur-Morin, Chalifer, Moressart, Coulommes, Sancy, Bouleurre, La Chapelle, Saint-Martin, Vaucourtois, La Haute-Maison, Court-Evroul, Guérard (1).

Paroisses. — Le doyenné de Crécy renfermait depuis 1730 les vingt-neuf paroisses suivantes : Bailly, Bouleurre, La Gelle, Chalifer, la Chapelle sur-Crécy, Condé-Sainte-Libiaire, Couilly, Coulommes, Coupe-

(1) Dom Toussaint Du Plessis, *Histoire de l'église de Meaux*, t. I, p. 745.

vrez, Court-Evroul, Crécy, Dammartin-en-Brie, Ébly, Faremoutier, Saint-Germain-sous-Couilly, Guérard, Hautefeuille, *succursale de Guérard*, Jablines, Lêches, Magny-le-Hongre, Mareuil-les-Meaux, Montry, Moressart, Nanteuil-les-Meaux, Quincy, Tigeaux, Villeneuve-le-Comte, Villiers-sur-Morin, Saint-Pierre-de-Vaulanges-en-Saint-Martin (1).

Dans les *Mémoires des Intendants* il est dit, qu'en 1700, le doyenné de Crécy s'étendait sur trente-neuf paroisses (2)?

Saint-Georges. Crécy. — L'église dédiée à Saint-Georges n'était originairement qu'une chapelle bâtie, en 1216, par le comte de Saint-Paul pour le service de son château. Dans la suite, elle fut érigée en église collégiale et paroissiale. L'origine de la collégiale est inconnue, mais tout porte à croire que les anciens seigneurs du lieu la fondèrent dans leur château. En 1219 Blanche avait fondé dans l'église Saint-Georges une chapellenie pour le repos de l'âme de Gaucher III et Jeanne, veuve du roi Charles le Bel, y ajouta, en 1339, quelques libéralités. Dans les *Mémoires des Intendants*, vers 1700, nous lisons : « Le chapitre de Notre-Dame de Crécy est composé de six chanoines dont l'un est curé, ils ont chacun quatre cents livres de revenu. Ils sont à la collation du doyen de Meaux à l'exception du curé qui dépend de l'évêque de Meaux (3). » Michelin dit que dans ce chapitre il n'y avait pas de dignités. Le chanoine le plus âgé avait droit de prééminence sur les autres.

(1) Dom T. Du Plessis, *Histoire de l'église de Meaux*, t. II, pp. 637, 638.

(2) De Boislisle, *Mémoires des Intendants*, t. I, p. 78.

(3) De Boislile, *Mémoires des Intendants*, t. I, p. 80.

Dans l'église étaient les chapelles de Saint-Laurent et de Saint-Leu, toutes deux fondées, en 1260, par Gaucher de Châtillon, père du connétable. Ces deux chapelles ainsi que celles de Notre-Dame et de Saint-Nicolas dans le château, Notre-Dame de Lorette au château de Bec-Oiseau, paroisse de Mortcerf, Sainte-Anne, paroisse de Saint-Martin-les-Voulangis, qui étaient à la nomination du seigneur de la ville, furent réunies aux prébendes de la collégiale, afin d'y entretenir le service divin avec plus de décence. Les chanoines avaient le droit d'assister à la messe paroissiale de la chapelle, le jour de l'Assomption de la Sainte Vierge, patronne de l'église du lieu, d'y chanter les petites heures et de partager l'offrande avec le curé, ou de dîner chez lui, conformément au titre de fondation où il est dit : *aut epulabantur, aut procurabantur de communi* (1).

Cette église d'une structure moderne est d'une extrême simplicité. De lourdes masses de pierres et de planchers ont remplacé les formes sveltes et élégantes des piliers et des ogives gothiques de cette ancienne collégiale. Elle fut reconstruite, grâce à la générosité du duc de Penthièvre qui en posa la première pierre le 18 octobre 1779. Une tour carrée du XVIIIe siècle, accolée à l'église, a été conservée pour lui servir de clocher.

Maître Fontaine (d'Arras), ancien chanoine de la collégiale de Saint-Georges de Crécy, lui légua (1779-1789), par testament, entre autres choses mille livres espèces (2). Cette église avait des biens à Crécy, Coute-

(1) Michelin, *Essais historiques*, t. II, pp. 628-641.

(2) Archives de Seine-et-Marne, série AE, supplément à la série E, p. 67.

vroult, Dammartin-en-Brie, Montbarbin sur la paroisse de La Chapelle, Quincy et Villiers-sur-Morin (1) :

Depuis 1730, Crécy était l'un des cinq doyennés ruraux de l'archidiaconé de Brie dans le diocèse de Meaux.

Le 6 septembre 1657, Edmond Bachot était doyen rural de Crécy et curé de Rozoy (2).

La paroisse de Saint-Georges ne s'étendait autrefois que sur une petite partie de la ville, le reste était sur la paroisse de La Chapelle.

Prieuré de Saint-Martin-des-Champs. — Le prieuré de Saint-Martin-des-Champs, près de Crécy, autrefois conventuel, dépendant du prieuré de Saint-Martin-des-Champs de Paris, était possédé vers 1700 par l'évêque de Rosalie, Artus de Lionne, prêtre des missions étrangères, vicaire apostolique en Chine, mort le 2 août 1713, à l'âge de cinquante-huit ans. Il était frère du prieur de Saint-Martin-des-Champs et d'Annet. Il avait deux cents livres de rente suivant les uns et deux mille livres suivant les autres (3). En 1123, l'évêque de Meaux Barchard donna aux religieux de Saint-Martin-des-Champs à Paris l'église de Saint-Martin près de Crécy, sur la rive droite du Grand-Morin, au lieu appelé alors le *vieux* Crécy, avec toutes ses dépendances; les seigneurs de La Chapelle, vingt ans après, ajoutèrent à ce don de nouvelles donations, ce qui donna lieu à l'érection d'un prieuré qui devait entretenir trois religieux. Puis cette cure de Saint-Martin ayant été éteinte, on en érigea une nouvelle, en 1676, au village de Voulangis

(1) Archives de Seine-et-Marne, t. II, série G, p. 51.

(2) Lemaire, Archives de Seine-et-Marne, t. II, 2e partie, série G, p. 10.

(3) De Boislisle, *Mémoires des Intendants*, t. I, p. 84.

et celle-ci fut en l'autel de Saint-Pierre dans l'église même de Saint-Martin-lès-Voulangis, d'où on l'appela Saint-Pierre-de-Voulangis en Saint-Martin (1).

Prieuré de Mont-Denis. — Le prieuré de filles de Mont-Denis, ordre de Saint-Benoît, établi à Crécy, était possédé vers 1700 par madame de Richelieu (2). Il avait dix-huit religieuses et sept converses; le revenu était seulement de quinze cents livres. Le prieuré était à la nomination de la prieure de Noëfort.

Pierre, vicomte de Crécy, avait vendu, vers 1177, aux religieuses de Noëfort la terre de Montdenys, sur la paroisse de Sancy. Les seigneurs de Quincy avaient fait construire en ce lieu une chapelle sous le titre de Saint-Jean-Baptiste, et Pierre de Quincy fonda, en 1235, un revenu pour l'entretien d'un chapelain. Cet état dura jusqu'en 1274, mais, peu après, quelques religieuses furent détachées du prieuré de Noëfort et on construisit un monastère à Montdenys. Ce monastère n'existait plus en 1487 et toutes les religieuses étaient rentrées à Noëfort. En 1633 le monastère fut transporté de Montdenys dans Crécy, ville murée, et des religieuses revinrent de Noëfort. La première pierre fut posée le 23 juillet 1641, et l'église du nouveau monastère reçut le nom de *Crèche de Jésus* (3).

Dammartin-en-Brie (Doyenné de Crécy). — Dammartin-en-Brie, sous le titre de Saint-Martin, dans l'église était la chapelle de saint Jean. En cette paroisse se trouvait un ermitage auprès d'une chapelle appelée

(1) Dom T. du Plessis, *Hist. de l'église de Meaux*, t. I, p. 138.

(2) Marie-Françoise de Wignerot du Plessis, fille du marquis de Richelieu, née le 29 décembre 1655, religieuse à Chelles, puis prieure à Crécy.

(3) Dom T. Du Plessis, t. I, pp. 446-447.

la Madeleine d'Orties qui avait autrefois le titre de prieuré. Cette paroisse fait aujourd'hui partie du canton de Rozoy-en-Brie.

Saint-Germain-sous-Couilly (Doyenné de Crécy). — Saint-Germain-sous-Couilly, sous le titre de Saint-Germain : Gauthier II, évêque de Meaux, donna, en 1096, l'église de Saint-Germain-sous-Couilly à l'église Saint-Germain-des-Prés à Paris. C'est depuis cette époque que cette église a pris le nom de Saint-Germain. L'église de Couilly ayant reçu quelques reliques de saint Georges, le pont qui réunit Saint-Germain à Couilly reçut alors et porta longtemps le nom de pont Saint-Georges. Le territoire de cette paroisse était jadis d'une grande étendue ; au XIIe siècle, on en démembra la paroisse de Montry, puis celle d'Esbly. Parmi les fiefs de cette paroisse étaient ceux du Chambrier et de Montguillon; il contenait aussi le hameau des Briets.

Esbly (Doyenné de Crécy). — Esbly, sous le titre de Saint-Jean-Baptiste. Cette paroisse est un démembrement de la paroisse de Saint-Germain-lès-Couilly. Lors de l'érection d'Esbly en paroisse, en 1185, il fut réglé que l'évêque de Meaux et l'abbé de Saint-Germain-des-Prés nommeraient alternativement à la cure; mais, par une autre transaction de l'an 1217, l'évêque acquit le droit de conférer seul (1). L'église petite est composée d'une nef, de deux bas-côtés et de trois autels. Elle fut bâtie à la fin du XVIIe siècle par l'abbé Charles de Verdelot et dont la famille était, depuis plus de quatre siècles, en possession, en partie, de la seigneurie de cette paroisse. L'abbé de Verdelot fit, dans le pilier, à gauche, près du sanctuaire, enfermer une cassette où

(1) Dom T. du Plessis, *Hist. de l'église de Meaux*, t. I. p. 124.

l'on plaça des pièces d'or et d'argent et de la monnaie de toute espèce qui avait alors cours, et parmi ces objets une médaille en argent plus forte que les écus de six livres sur laquelle d'un côté est le portrait de l'abbé et de l'autre la reproduction du portail de l'église (1).

En 1260 une convention intervint entre Gaucher IV de Châtillon, seigneur de Crécy, et Thibauld, abbé de Saint-Germain de Paris, touchant le vivier d'Esbly. Ce vivier fut dans la suite desséché et fit place à la prairie qui s'étend presque d'Esbly à Coupvray.

Condé Sainte-Libiaire (Doyenné de Crécy). — Condé Sainte-Libiaire sous le titre de Sainte-Libiaire, vierge et martyre, dont les reliques reposent à Toul dans l'abbaye de Saint-Léon.

Dans l'église on voit une tombe avec cette inscription :

Cy gist messire Pierre de Vaudetar, prieur de Saint-Denis-en-Vaulx et chanoine de la Sainte Chapelle Royalle du pallais à Paris, décédé le 23e 10^{r} de l'année 1644, aagé de treize ans cinq mois.

Épitaphe :

La mort d'un coup fatal a mis dans ce tombeau
Tout ce que la nature eut jamais de plus beau.
La grâce, la vertu, la beauté, la noblesse
Sont les moindres appas dont ce mort fut pourveu.
Ceux qui l'avaient fait naître, accablez de tristesse,
Meurent incessamment de l'avoir susvescu.
Plains-les, passant, et non sa mort.
Le ciel l'a ravi devant l'aage
Pour le mettre heureux dans le port
Sans connaissance du naufrage.

(1) Michelin, *Essais historiques,* t. II, pp. 628-641.

Les armes ont été effacées lors de la révolution de 1792.

Condé fut un prieuré à la présentation de l'abbé de Lagny. En 1160, la pape Adrien IV confirmait parmi ces terres données à l'abbaye de Lagny, celle de Condé. Pierre Ier, abbé de Lagny, signait, en 1246, un bail affermant les terres de Condé et de Brégy.

En 1228, Enguerrand III, seigneur de Coucy, établissait des Juifs dans sa terre de Condé-en-Brie (1).

Les hommes de Condé étaient serfs de main-morte, c'est-à-dire que, quand l'un d'eux mourait, le seigneur, pour affirmer son droit d'entière propriété, prenait la meilleure pièce des meubles du mort et que s'il n'y avait rien à prendre, on lui présentait la main du mort. En 1265, Guyard Chamel et Adeline, sa femme, se redimèrent de cette servitude pour la somme de onze livres, à condition qu'ils continueraient à rendre hommage corporel en personne à l'abbé de Lagny et qu'ils offriraient, tous les ans, une certaine quantité de belle cire au prieur de Condé dans sa chapelle, le jour de Sainte-Madeleine.

Pendant la guerre de cent ans, vers le milieu du XVe siècle, la terre de Condé fut deux fois saccagée. Dom Gilles Guinier, qui en était prieur, se trouvant dans l'impossibilité de réédifier une seconde fois les bâtiments, céda, en 1448, son bénéfice à l'abbaye, pour la dédommager de ce qu'il lui devait, pour le loyer du château, pour les dîmes; pour les champarts et autres droits; toutes choses que l'abbaye lui avait affermées. Le village de Condé était l'apanage spécial de la crosse de l'abbé de Lagny (2).

(1) Dom T. du Plessis, *Hist. de l'église de Meaux*, t. I, p. 163.
(2) Dom Changy, *Mémoire sur l'Abbaye de Lagny*, manuscrit.

Dans la déclaration des biens de l'abbaye de Lagny faite en 1521, Condé ne figure plus. Cette seigneurie passa dans la famille de Vaudetar dont, sans doute, était Jean de Vaudetard, avocat de l'abbé de Lagny en 1457. Nous avons vu qu'un descendant de cette famille repose dans l'église de Condé.

Montry (Doyenné de Crécy). — Montry, sous le titre de la Sainte Vierge, Assomption.

Vers l'an 1130, Thibauld, abbé de Saint-Maur-des-Fossés, demanda permission à Hugues, abbé de Saint-Germain-des-Prés, de construire une chapelle sous l'invocation de la Sainte Vierge, à Montry, dans l'étendue de la paroisse de Saint-Germain-sous-Couilly.

L'abbé Hugues le permit en 1134 et cette église fut érigée, quelque temps après, en paroisse, à la présentation des religieux de Saint-Germain-des Prés. Pour donner une certaine étendue à cette nouvelle paroisse on démembra quelques terres de Coupvray, paroisse voisine. Montry était paroisse avant 1267 (1).

Marie-Anne Héron, veuve d'Étienne-Bernard Langlois, écuyer ordinaire de la reine et seigneur de Montry, fonda, en 1720, un vicaire dans l'église de Montry.

L'ancien fief de la Haute-Maison appartint longtemps à la maison de Rohan-Guéménée. Les Minimes de Vincennes possédaient un autre fief sur Montry, avec droit de haute, moyenne et basse justice.

Magny-le-Hongre (Doyenné de Crécy). — Magny-le-Hongre, autrefois Magny-Sainte-Geneviève, sous le titre de Sainte-Geneviève. L'évêque de Meaux conférait de plein droit.

Le clocher fut reconstruit en 1748.

(1) Dom T. du Plessis, *Hist. de l'église de Meaux*, t. I, pp. 124 et 271.

Sur cette paroisse se trouvait le fief de Silvelle appelé sur les anciens titres latins : *De fonte Jesu.* Ce fief était le siège d'une ministrerie (1) de l'Ordre de la Trinité. Dans la maison de Silvelle était une chapelle dédiée à la Trinité où conférait le ministre général de l'Ordre de la Trinité.

Les chanoines de Sainte-Geneviève de Paris avaient un fief avec le droit de haute, moyenne et basse justice; d'autres fiefs étaient possédés par divers particuliers. Les autres fiefs étaient ceux de la Rivière, les fiefs des chanoines de Saint-Léon du Louvre et un fief appartenant à un bourgeois de Lagny. L'ancien manoir féodal, dans le fief d'Épilleurs, a complètement disparu.

Coupevray (Doyenné de Crécy). — Coupvray, sous le titre de Saint-Pierre. Dans l'église on voit les deux magnifiques dalles en marbre noir sous lesquelles reposaient Henri de Lenoncourt et Madeleine de Lononcourt; elles sont placées devant les autels de la Sainte Vierge et de saint Joseph.

Au milieu de la nef, on voit deux autres dalles retrouvées dans l'ancienne église des Trinitaires de Coupvray. Nous avons donné les inscriptions de ces dalles, dans les *Annales du Pays de Lagny.*

Le Mont-de-Piété de Coupvray était une maison de l'ordre de la Trinité où l'on élevait, par charité, quelques enfants présentés par les princes de la maison de Guéménée. La chapelle, d'abord sous le titre de Saint-Louis, prit ensuite le nom de Sainte-Trinité.

Le château, un des plus remarquables du doyenné, fut bâti en 1602. Le domaine de Coupvray était consi-

(1) Charge de supérieur.

dérable et passait pour la première baronnie de la Brie.

Couilly (Doyenné de Crécy). — Couilly sous le titre de Saint-Georges. L'église a été construite en différentes époques. La clef de voûte placée au-dessus du sanctuaire est d'une seule pièce, divisée en six branches; à l'extrémité de chacune de ces branches est suspendue une corniche très bien sculptée et ornée de différentes petites figures.

Il existait à Couilly, au XIe siècle, une église déjà ancienne, située en face d'une autre église bâtie sur le bord opposé du Morin, et qui fut l'église de Saint-Germain-sous-Couilly. L'église de Couilly, ayant reçu peu après des reliques de saint Georges, prit alors le titre de Saint-Georges.

Sur cette paroisse, était placée la célèbre abbaye du Pont-notre-Dame, ensuite du Pont-aux-Dames. Elle avait d'abord été établie, très près du pont de Couilly, dans une maison-Dieu, dont la chapelle était sous l'invocation de Sainte-Brigite, et où les malades de la paroisse étaient reçus et soignés par des sœurs hospitalières. Après la fondation de l'abbaye (1226) au village de Rues par Hugues Ier et Marie d'Avesne, sa femme, les hospitalières s'y transportèrent et embrassèrent la règle de saint Benoît de l'ordre de Citeaux.

A égale distance de Crécy et de Couilly, existait, en 1190, le monastère des Marais ou du Marais, occupé par une communauté de religieuses. En 1270, il y avait encore un prieur dans ce couvent; en 1255, il appartenait au prieur de Fontaines; mais en 1792, il ne restait en ce lieu qu'une chapelle sans aucune trace de communauté (1).

(1) F. Pascal, *Hist. de Seine-et-Marne*, t. I, pp. 553 et 554.

La maladrerie de Couilly avait été réunie à l'Hôtel-Dieu de Crécy en 1695.

Après la mort de Louis XV, madame Dubarry fut exilée à Pont-aux-Dames.

Il y avait six fiefs sur cette paroisse : la Croix de Couilly, de Sainte-Catherine, de Saint-Cyr, de Montigny, du Bassin et des Maréchales.

En 1764, plusieurs habitants de Couilly, dont le curé, certifièrent n'avoir jamais vu aucun garde-fou ni parapets sur le pont de Couilly, et n'avoir entendu dire à leurs pères et parents qu'il y en eût jamais existé (1).

Bailly-Romainvilliers (Doyenné de Crécy). — Bailly, sous le titre de la Sainte Vierge, Assomption. Les religieux de Saint-Germain-des-Prés jouissaient anciennement de quelques biens à Romainvilliers : ils présentaient à la cure, et avaient dans l'étendue de cette paroisse un Prieuré, sous le titre de Saint-Antoine et sous le nom de Prieuré-du-Bois. Romainvilliers n'est plus qu'un hameau où il reste une chapelle de dévotion sous l'invocation de la Sainte Vierge, dans une ferme qui faisait partie de la mense priorale de la Celle-en-Brie, et la paroisse a été transférée à Bailly. Le prieuré prit en conséquence le nom de Bailly, mais le titre en fut éteint par arrêt du conseil d'État, du 6 juin 1537, et le prieuré fut uni à perpétuité à la mense conventuelle des religieux de Saint-Germain-des-Prés (2).

Le château de Bailly fut habité par le célèbre marin de Tourville.

Tigeaux (Doyenné de Crécy). — Tigeaux, sous le titre de Saint-Leu-de-Sens. L'église, qui existait dès le

(1) Archives de Seine-et-Marne, t. III, série F, p. 10.

(2) Dom T. Du Plessis, *Hist. de l'Église de Meaux*, t. I, p. 124 et 125.

XIIIe siècle, était à la nomination de l'évêque de Meaux.

Sur cette paroisse sont placés les hameaux du grand et petit Brehal et celui des Maisons-Brûlées.

A Tigeaux commence la navigation, peu active, du Morin, pour les bateaux ne jaugeant pas plus de 65 à 70 centimètres d'enfoncement.

Maisoncelles (Doyenné de Coulommiers). — Maisoncelles sous le titre de Saint-Sulpice, premier patron, et Saint-Denys, second patron.

Les bénédictins de Saint-Denis étaient seigneurs de Maisoncelles.

Sur cette paroisse sont les hameaux du Mont-Bernard, de Roize, de Mont-Godefroy où il y avait autrefois une chapelle sous le titre de Sainte-Marguerite à la collation pleine de l'évêque, et le hameau des Bordes.

Hautefeuille (Doyenné de Crécy). — Hautefeuille, sous le titre de Saint-Éloi. Cette église, primitivement succursale de Guérard, fut érigée en cure en 1730. Sur cette paroisse se trouve l'ancien château des Tournelles, manoir féodal dont la construction date du XVe siècle, et le hameau de Courtesoupe.

La Celle (Doyenné de Crécy). — La Celle, sous le titre de Saint-Sulpice. L'église était à la présentation du séminaire des Missions étrangères.

Le prieuré conventuel de l'ordre de Saint-Benoît dépendait de l'abbaye de Marmoutier, qui l'a cédé par forme d'hospice ou d'asile aux bénédictins anglais; mais le titre et la mense priorale étaient unis au séminaire des Missions étrangères à Paris. L'église du prieuré était dédiée sous le nom de Saint-Pierre et Saint-Paul.

Le séminaire présentait, comme représentant le prieur de La Celle, aux cures de Guérard, Toquin, Ormeaux, la Chapelle-Iger, le Breuil et encore une de Saint-Fiacre, située dans le village (1).

Villeneuve-le-Comte (Doyenné de Crécy). — Villeneuve-le-Comte, sous le titre de la Sainte Vierge, Nativité.

D'après le style de cette remarquable église, on est conduit à penser qu'elle fut élevée entre les années 1203 et 1250. Cet édifice ne peut être plus ancien puisque ce lieu auparavant inhabité fut érigé en ville par Gaucher III de Châtillon et Élisabeth, sa femme, qui lui donnèrent alors le nom de Villeneuve-le-Comte, et une charte en cinquante-deux articles.

Nous avons donné, dans les *Annales du Pays de Lagny*, la description de cette église, quelques articles de la charte intéressants à connaître et les inscriptions des sept pierres tombales placées dans le pavé du sanctuaire.

L'église possède une vierge en pierre, dite *Vierge au lait*, qui était en vénération dans le pays. Cette église fut, selon toute apparence, érigée en paroisse, lors de la fondation de la ville. Les collateurs étaient les religieux de Saint-Germain-des-Prés.

L'église, classée aujourd'hui parmi les monuments historiques de France, a été complètement restaurée de 1860 à 1868. Cette ville possédait un Hôtel-Dieu, qui, par arrêt de 1795, devait être réuni à celui de Crécy, mais cette réunion ne fut pas faite et les revenus ont continué à être distribués aux pauvres du lieu. La justice appartenait au roi, aussi voyons-nous la pierre

(1) Dom T. Du Plessis, *Hist. de l'église de Meaux*, t. II, p. 694.

tombale du prévôt Gobert toute semée de fleurs de lys de France.

Villiers-sur-Morin (Doyenné de Crécy). — Villiers-sur-Morin, sous le titre de Saint-Remi. Le Chapitre de Meaux présentait. Parmi les fonds que Hugues de Châtillon donna à l'abbaye de Pont, se trouvaient trois cents arpents de bois dans la forêt de Crécy, mais les villages de Villiers-sur-Morin, Villeneuve-le-Comte, Crécy, Couilly, Saint-Germain-sous-Couilly, Bouleurs, La Chapelle, Dammartin-en-Brie, Moressart, Bailly et Coulommes y avaient leurs usages.

Hugues de Châtillon obtint, en 1228, des habitants de ces paroisses la cession de leur droit aux religieuses du Pont (1).

Chalifer (Doyenné de Crécy). — Chalifer, sous le titre de Saint-André. Dans l'église paroissiale était un prieuré, sous le titre de Saint-Jacques, dépendant premièrement de l'abbaye de Marmoutier et ensuite de celle de Saint-Magloire de Paris, et, en 1731, uni à la mense de l'Archevêque de Paris.

En 1639, Marie Pignard, veuve de Vespasien Grangier, seigneur de Monceaux, fonda un vicaire dans l'église de Chalifer (2).

Moressart ou Mortcerf (Doyenné de Crécy). — Moressart, sous le titre de Saint-Nicolas. Cette paroisse a été érigée en 1217. L'église du prieuré de Saint-Gautier sert pour la paroisse; ce prieuré est à la collation de l'abbé de Saint-Martin de Pontoise.

Vers 1080, des seigneurs possesseurs de terres à Moressart et à la Buhotière en Brie, en firent présent à l'abbaye de Saint-Martin de Pontoise, ce qui donna

(1) Dom T. Du Plessis, *Hist. de l'église de Meaux*, t. I, p. 240.
(2) Dom T. Du Plessis, *Hist. de l'église de Meaux*, t. II, p. 634.

lieu depuis à l'érection de deux prieurés conventuels à Moressart, le premier sous le titre de Saint-Gautier et le second sous le titre de Saint-Germain (1).

Il y avait dans le château royal de Bec-Oiseau, aujourd'hui en ruines, une chapelle de Notre-Dame de Lorette, à la nomination du roi.

Le dimanche 17 novembre 1308, Philippe-le-Bel vint à l'entrée de la forêt de Crécy, à Bec-Oiseau, où il resta quatre jours (2).

En 1598, lors de la publication de l'édit de Nantes, il fut donné aux Protestants le hameau de Chermont sur la paroisse de Nanteuil-lez-Meaux, et le village de Moressart pour y tenir leurs prêches et leurs assemblées (3).

En juin 1341, Philippe VI de Valois vint à Bec-Oisel (4).

Sur cette paroisse sont les hameaux de Bec-Oiseau, des Vallées, des Égyptes et du Prêche qui tire son nom d'un ancien temple protestant.

Coulommes (Doyenné de Crécy). — Coulommes, sous le titre de Saint-Laurent. Dans le rôle des vassaux d'Henri Ier, vers 1172, on lit : « Manesier de Colummes, liges de 11 fiefs et garde. La forz meson de Colummes et le repeire de Corrijer et la vigne de Saint-Pierre de laquelle li Templier tiennent la moitié qu'il aquistrent au tans de ce conte » (5).

Coulommes était une des paroisses qui avaient des

(1) Dom T. Du Plessis, *Hist. de l'église de Meaux*, t. I, p 113.

(2) M. Ménard, *Pièces fugitives*, *Itin. des rois de France*, t. I, p. 86.

(3) Dom T. Du Plessis, *Hist. de l'église de Meaux*, t. I, pp. 267, 419, et t. II, p. 646.

(4) M. Ménard, *Pièces fugitives*, *Itin. des rois de France*, t. I, p. 89.

(5) A. Longnon, *Livre des vassaux de Champagne et de Brie*, p. 61, n° 911.

usages dans la forêt de Lubeton (Crécy). Hugues de Châtillon obtint en 1228 la cession de ces usages en faveur du monastère de Pont-aux-Dames.

Sur cette paroisse étaient les fiefs Valliers, Perdriets, Saint-Faron et Cremaille.

Bouleurre (Doyenné de Crécy). — Bouleurre, sous le titre de Sainte-Madeleine, première patronne, et Saint-Maur, second patron.

Le seigneur de Quincy était également seigneur de Bouleurre où il avait droit de haute, moyenne et basse justice. Sur cette paroisse étaient les fiefs de Villiers, d'Orgemont, de Lacroix et les hameaux de Sarcy, Vignolles et Mont-Pichel. Cette paroisse était une des six qui présentaient un enfant pauvre pour recevoir une éducation gratuite dans le collège que Françoise de Laval, veuve de Louis de Rohan, prince de Guéménée, avait fondé en 1603, au Mont-de-Piété de la paroisse de Coupvrai. Ces six enfants, des paroisses de Coupvrai, Magny, Voulangis, Lesches et Bouleurre, devaient, comme le dit l'acte, être nés en loyal mariage, capables de servir à Dieu et d'apprendre mestier, sans y pouvoir mettre aucun bâtard. Ils devaient demeurer cinq ans dans ce collège, y être nourris, mais n'y boire que de l'eau (1).

La Chapelle-sur-Crécy (Doyenné de Crécy). — La Chapelle-sur-Crécy, sous le titre de la Sainte Vierge, Assomption.

L'église de cette paroisse n'était d'abord qu'une simple chapelle, dépendant du prieuré de Saint-Martin-lès-Voulangis, situé de l'autre côté de la rivière et auquel, au XIIIe siècle, on communiquait par un pont,

(1) F. Pascal, *Hist. de Seine-et-Marne*, t. I, p. 573.

En décembre 1202, Anseau, évêque de Meaux, érigea, du consentement du titulaire de Saint-Martin, cette chapelle en église collégiale et paroissiale. Il y établit six chanoines auxquels fut assigné un certain revenu. Cette chapelle, ruinée pendant la guerre de Cent ans, fut rebâtie sur un nouveau plan. On croit dans le pays qu'elle fut rebâtie, par des Anglais, dans l'état où elle est aujourd'hui. De puissants seigneurs ont dû contribuer à la construction de cette église et à La Chapelle ; on dit que Jeanne de Navarre, épouse du roi Philippe-le-Bel, y fit faire de grands travaux et que c'est la tête de cette reine qui paraît, en bosse, avec une couronne de comte, sur la principale clef de la voûte du rond-point du chœur.

Jean de Briou, évêque de Meaux, en fit la dédicace le 29 juin 1428 (1).

Après la cathédrale de Meaux, l'église de La Chapelle est la plus belle de l'ancien diocèse de Meaux, par son architecture et sa régularité ; c'est un gothique de la fin du XIIIe siècle ou du commencement du XIVe, très élevé, très délicat, et très bien entendu. Cet édifice, solidement bâti en pierres de chaux taillées, a quelque chose de prévenant pour ceux qui respectent et aiment l'antiquité. Les dehors sont majestueux, les dedans pleins de charme. La tour gothique est placée au bout occidental de l'aile gauche et fait l'angle nord de l'église ; elle est de même époque que l'église, de même structure et terminée par quatre pignons au-dessus desquels s'élève une haute flèche octogonale en ardoises. Cette tour est remarquable par son aplomb qui est le même qu'au jour de la construction. Elle a

(1) Dom T. Du Plessis, *Hist. de l'église de Meaux*, t. I, pp. 138-139.

dix-huit pieds sur chaque face, non compris les contreforts qui sont aux angles, et environ cent pieds de hauteur.

Elle renfermait autrefois quatre belles cloches qui faisaient l'admiration des habitants du voisinage. Trois furent enlevées au temps de la Révolution ainsi que quatre colonnes de cuivre d'un poids considérable, portant les quatre évangélistes et placées dans le sanctuaire.

La cloche qui était restée fut fondue en 1822 et on en fit les trois cloches actuelles.

On monte à la tour par un escalier à noyau, formé de soixante-quatre marches, et aux galeries par un escalier à noyau de quarante-cinq marches, qui est placé dans une tourelle hors-d'œuvre. Sous la couverture en fortes tuiles, on voit une magnifique charpente en châtaignier, aussi saine qu'au premier jour. Cette charpente cintrée paraît avoir été disposée pour recevoir un plafond. On y avait pratiqué en dehors des galeries pour faire le tour de l'église, sous le second rang de vitrages, mais à la suite des dégradations causées par les pluies, elles furent supprimées et couvertes en tuiles. Vingt et un pilastres soutiennent les murs de l'église au dehors avec autant d'arcs-boutants qui soutiennent la poussée de la voûte. L'édifice est un peu humide, à cause de sa position au bas de la pente de la montagne. L'église, entièrement voûtée en plâtre, a deux collatéraux terminés en apside. Le sanctuaire est éclairé par trois rangs de vitrages superposés. La nef et les bas-côtés sont soutenus par de gros piliers en faisceaux et des colonnes rondes fort déliées et au nombre de seize disposées de façon à favoriser le jour. Ces piliers supportent les arcs qui soutiennent les galeries; les cintres qu'on y voit, aux deux tiers de leur hauteur, portent des croisillons ou nervures de pierre et de fer où il ne manque que des vitres; ces croisillons sont terminés en haut par de secondes arcades destinées à recevoir la voûte du chœur et de la nef; cette voûte, beaucoup plus élevée que celle des collatéraux, s'étend d'un bout à l'autre de l'église par le milieu de sa longueur qui est de cent pieds, dans œuvre, depuis le grand portail jusqu'au chevet et sa largeur de cinquante-six pieds, aussi dans œuvre, depuis la porte du Midi jusqu'à celle du Nord.

Sa hauteur actuelle est de quarante-cinq pieds sous clef, sans compter dix-huit pieds d'espace entre le dessus de la voûte et le faîte de l'édifice.

Enfin il ne manque à cette magnifique église qu'une croisée dans la voûte et un contour derrière le sanctuaire. La décoration intérieure est nulle. La voûte du milieu est affermie par des tirants en fer qui empêchent l'écartement des murs. Les chapiteaux des grands et des petits portails et ceux des piliers de l'église prouvent que le sol de celle-ci a été relevé de dix pieds.

En 1641, lors du carrelage de l'église, on déplaça plusieurs pierres tombales (1).

Le 6 septembre 1657, Jacques Leclerc était curé de la Chapelle-sur-Crécy (2).

La justice de la Chapelle appartenait au duc de Penthièvre et à Ménage de Mondesir.

Avant 1789, la paroisse de La Chapelle s'étendait sur

(1) Ces pierres fort oblitérées sont sans doute celles qui, entre les bancs de droite et de gauche, dallent le passage de l'entrée de l'église au chœur ; six sont dans la nef et une septième forme la marche d'entrée du chœur.

(2) Lemaire, Arch. de S.-et-M., t. II, 2e partie, série G, n° 10.

les trois quarts de la ville de Crécy dont elle n'est éloignée que d'un demi-quart de lieue. En 1792, cette portion de Crécy cessa de dépendre de la paroisse de La Chapelle et les habitants furent attribués, pour le spirituel, à la paroisse de Saint-Georges, et pour le temporel à la municipalité de Crécy.

La Chapelle possédait un hôtel-Dieu dont le plus ancien titre est de 1439 et dont la chapelle était sous le vocable de saint Jean.

La Chapelle contient nombre d'écarts et hameaux échelonnés des deux côtés de la route ; au Nord sont Libernon ; La Borde, hameau détruit ; Montaurevert ; Montaudior, haut et bas, Roise en partie, Montgrosle ; La Grande-Cour ; Le Choisel ; Ferrolle ; Montbarbin ; Bel-Air ; Le Sous-Terrain ; La Maltournée ; au Midi, le moulin Nicolle, Monplaisir ; Le Soleil levant ; Montpichet, Serbonne et le moulin de La Chapelle.

On y voit un vieux château, bâti par Sully, complètement ruiné ; le jardin et le parc en étaient remarquablement beaux (1).

Avant le château de Sully, La Chapelle possédait un château-fort qui fut démoli par les royalistes en 1591 (2).

En 1627 La Chapelle possédait un moulin à draps et un moulin à huile (3).

Le 18 mars 1684, Charles d'Albert de Luynes et Anne de Rohan, son épouse, vendirent à Pierre Gorge, seigneur d'Antraigues, la terre et seigneurie de La Chapelle, moyennant 92.550 livres outre les charges (4).

(1) F. Pascal, *Hist. de Seine-et-Marne*, t. I, pp. 537-542, et Dom T. du Plessis, *Hist. de l'égl. de Meaux*, t. I, p. 241.

(2) Dom T. du Plessis, *Hist. de Meaux*, t. I, p. 409.

(3) Arch. de S.-et-M., t. III, sup. à la série E, p. 41.

(4) Arch. de S.-et-M., t. III, série E, p. 31.

Saint-Martin-sur-Crécy (Doyenné de Crécy). — Saint-Martin-sur-Crécy, ou Saint-Martin-les-Voulangis, autrefois Vieux-Crécy, sous le titre de Saint-Pierre.

L'église de Saint-Martin était priorale ; ce bénéfice était à la collation du prieur de Saint-Martin-des-Champs à Paris. Le prieur de Saint-Martin-sur-Crécy présentait à la cure de La Chapelle, de l'autre côté de la rivière.

Le titre de la paroisse était à Voulangis, mais le service se faisait à l'autel de Saint-Pierre, dans l'église et au village de Saint-Martin, d'où est venu le nom de Saint-Pierre-de-Voulangis en Saint-Martin.

A Voulangis se trouvait la chapelle de Sainte-Anne.

Le collège du cardinal Lemoine avait haute, moyenne et basse justice sur un canton dont le siège était au hameau de Moulangis. Un fief y appartenait à la Commanderie de Choisy-le-Temple.

Près de Crécy était une chapelle dédiée à Saint-Michel, dont le nom fut donné à la foire qui se tenait dans la prairie voisine, sur le territoire de La Chapelle. Cette foire se tenait autrefois à Serris, avant d'être transférée à La Chapelle. Elle est connue sous le nom de foire de Crécy ou de Saint-Michel.

Saint-Martin-les-Voulangis est formé de sept autres hameaux : Moulangis, le Bout-d'en-Haut, le Bout-la-Paille, le Pied-de-l'Enfant, la Ronce, l'Orme et le Montoir.

Le 14 novembre 1308, Philippe le Bel logea, *apud logiam Sancti Dionysi*, qui doit être ce qu'on appelle la Motte-Saint-Denis, proche Crécy-en-Brie (1).

(1) M. Ménard, *Pièces fugitives, Itin. des rois de France*, t. I, p. 86.

Vaucourtois (Doyenné de Coulommiers). — Vaucourtois, sous le titre de Saint-Quirin.

Vers la fin du XIVe siècle, Vaucourtois n'était qu'un hameau dépendant de la paroisse de Lihout. Dans un titre de l'an 1490, il est question de la maison et Hostel de la maison Dieu de Lihouste. A cette époque Claude de Cullant, écuyer, était seigneur de Saint-Ouen et de-Vaucourtois. Ainsi, bien que l'église fût à Lihout, Vaucourtois était cependant le chef-lieu de la Seigneurie.

Ce fut sans doute à cette cause que l'on doit attribuer le transfert de la paroisse dans ce dernier lieu. Il ne reste plus qu'une chapelle à Lihout, et encore le service du culte cessa-t-il dans la suite des temps de s'y faire et la chapelle servit à des usages profanes (1).

La Haute-Maison (Doyenné de Coulommiers). — La Haute-Maison, sous le titre de la Sainte Vierge, Nativité.

Au XIIIe siècle, Jean et Hugues de Quincy fondèrent, de concert avec Adde et Alide, leurs épouses, une chapelle à la Haute-Maison, dans la forêt de Mant. En 1239, Pierre de Cuisy, évêque de Meaux, érigea cette chapelle en église paroissiale et la donna au monastère de Chambre-Fontaine. Par le même acte, ce prélat fixa les limites de cette paroisse et le prieur de Chambre-Fontaine acquit le privilège de nommer le prieur-curé du lieu.

En 1509, Abel de Buz, seigneur de la Haute-Maison, assista en cette qualité à la rédaction de la coutume de Meaux.

La justice de ce lieu était une prévôté et le seigneur était haut justicier.

(1) F. Pascal, *Hist. de S.-et-M.*, t. I, p. 571.

Parmi les hameaux de cette paroisse, était Rognon, situé à l'extrémité méridionale de la forêt du Mant, dans lequel Guillaume de Mareuil-les-Meaux et Helvide son épouse fondèrent, en 1250, une chapelle sous l'invocation de la Vierge. En 1272, Rognon fut donné par Pierre de Mareuil aux religieux de Chambre-Fontaine, ceux-ci y établirent un prieuré conventuel qui devint un bénéfice simple et qui est aujourd'hui la ferme (1) de Redemont.

Les autres dépendances de la Haute-Maison sont, hameaux ou fermes : Saint-Denis, la Chabouillerie, Maison-Blanche, la Loge-Arthus, les Mottes, la Calabre, Champ-Champy, la Petite-Loge, la Grande-Rue, Maison-Rouge, le Mans, Nesle, la Tarcuoterie, la Consuète et l'Épineuse.

Court-Evroul. — Court-Evroul, aujourd'hui Courtevroult, sous le titre de Saint-Jean (Décollation).

En 1082, Robert, évêque de Meaux, soumit le monastère de Court-Evroul à celui de Marmoutiers.

Le seigneur de Court-Evroul avait le droit d'échange, la justice, la police et la voirie.

Sur cette paroisse était le fief de Montomer dont le seigneur, relevant de Coulommiers, avait la haute, moyenne et basse justice.

La chapelle de Notre-Dame-de-Montomer a été, dit-on, et, cela sans preuves certaines, transférée dans l'église Saint-Gervais de Paris, sous le nom de chapelle des Marchands (2).

Les autres fiefs étaient la Mothe et le fief Braquier; Saint-Phal, dit la Tillage, la Petite-Mothe ou la Brosse.

(1) F. Pascal, *Hist. de Seine-et-Marne*, t. I, p. 568.

(2) F. Pascal, *Hist. de Seine-et-Marne*, t. I, pp. 546-547.

Faremoutier (Doyenné de Coulommiers). — Faremoutier, sous le titre de Saint-Sulpice.

L'église de l'abbaye a pour premier patron saint Pierre et pour second patron la Sainte Vierge.

Cette paroisse fut construite aux environs du monastère fondé par sainte Fare. Fare était fille d'Agneric, officier de Théodebert II, roi d'Austrasie vers 600.

Malgré sa famille qui voulait la marier, Fare se voua au service de Dieu, et elle obtint enfin, vers 615, la permission de bâtir un monastère au confluent de l'Aubertin et du Grand-Morin. Ce fut le premier monastère de filles élevé dans le diocèse de Meaux. De cette époque, au 4 décembre 1726, quarante-six abbesses gouvernèrent ce monastère.

Plusieurs compagnes de Fare, attirées par les exemples et les vertus de celle-ci, vinrent la retrouver dans son monastère. Cette maison, placée d'abord sous la règle de saint Columban, adopta bientôt la règle de saint Benoît.

Fare mourut vers 655, et aussitôt le culte de sainte Fare se répandit dans une grande partie de la France.

Les religieuses de Sainte-Fare croyaient ordinairement que leur mort leur était annoncée par révélation (1).

La règle ne fut pas toujours observée dans cette abbaye ; le scandale fut si grand, vers 1090, qu'il fut même question de chasser les religieuses, de les remplacer par des moines et de réduire le monastère en prieuré sous la dépendance de l'abbé de Marmoutier. Cette menace fit son effet, le scandale cessa et les religieuses restèrent (2).

Au XIIe siècle, le monastère était dans toute sa splendeur, le nombre des religieuses dépassait la centaine

(1) Dom T. du Plessis, *Hist. de l'égl. de Meaux*, t. I, p. 14 à 31.
(2) Dom T. du Plessis, t. II, p. 113.

et ce nombre fut tellement dépassé, dans la suite, que le roi Louis le Jeune crut devoir, en 1176, le réduire à cent précisément.

Ce n'était plus alors, comme au temps de l'institution du monastère, une Communauté de religieux qui veillait aux besoins spirituels des religieuses, mais quelques clercs séculiers qui, dès le IXe siècle au plus tard, avaient pris leur place. Ces clercs prirent le titre de chanoines qu'ils portaient encore en 1731.

Ils étaient quatre et ils prirent le titre de curés, parce qu'ils desservaient en effet la Paroisse du lieu, à tour de rôle, chacun pendant sa semaine et même pendant la quinzaine de Pâques. Cependant un seul était chargé de l'administration des sacrements et du compte de l'état de la paroisse à l'évêque de Meaux. Cette cure était la paroisse de la ville, mais aux fêtes de la Sainte Vierge elle était fermée et tout le service était fait dans l'église abbatiale. Outre ces quatre bénéfices il y avait un Diacre et un Sous-Diacre en titre et encore, aux XIIe et XIIIe siècles, on y comptait plusieurs chapelles de fondation, dont il ne restait plus, vers 1724, que celles de Saint-Michel et de Saint-Nicaise.

L'abbesse de Faremoutier nommait encore, au XIIe siècle, aux deux cures de Mourou et de Pomeuse ; elle nommait encore la Prieuré de Gi, monastère de Bénédictines, au diocèse de Sens.

Ce fut principalement à l'occasion de la cure de Faremoutier que les religieuses commencèrent à affirmer leur indépendance dans le procès qu'elles soutinrent contre l'évêque de Meaux. Le pape nomma des commissaires qui rendirent la sentence suivante : « La cure demeurera au pouvoir de l'abbesse, mais ce bénéfice ayant charge d'âmes, le curé nommé prendra l'institution de l'évêque. Si le curé tombe en quelque faute, l'évêque en écrira à l'abbesse qui le punira, selon la gravité du délit, après avoir pris conseil des autres chanoines, mais si le désordre continuait, l'évêque jugera le curé et le déposera même, en cas de nécessité. »

L'évêque se soumit à cette sentence et vécut depuis en bonne intelligence avec l'abbesse.

Vers ce temps, le feu fut, par malveillance, mis au monastère qui fut réduit en cendres.

Ce dommage fut réparé, grâce à une quête qui fut faite dans diverses églises du Royaume (1).

Une nouvelle querelle s'éleva en 1153 entre l'évêque et l'abbesse. L'évêque voulait de l'abbesse une possession d'obéissance sans restriction ; l'abbesse résista, et l'affaire n'eut pas de solution (2).

Vers 1160, une querelle s'éleva encore entre Étienne de La Chapelle, évêque de Meaux, et l'abbesse de Faremoutier. Le roi Charles le Chauve avait pris l'abbaye sous sa protection et sous celle de la Couronne de France ; par là, il avait soustrait le monastère à la juridiction temporelle de l'évêque de Meaux, de plus ce privilège avait été confirmé par Henri Ier.

L'affaire fut plaidée avec chaleur, mais en 1165, les parties s'accommodèrent, entre les mains du roi Louis. L'abbesse, par forme de dédommagement, donna cent cinquante livres à l'évêque qui, de son côté, renonça à toutes ses prétentions (3).

Vers 1246, l'abbesse tenta de se soustraire à la juridiction spirituelle de l'évêque de Meaux ; un procès s'engagea ; les parties se pourvurent devant le pape qui

(1) Dom T. du Plessis, t. II, pp. 146 à 149.
(2) Dom T. du Plessis, t. I, pp. 153-154.
(3) Dom T. du Plessis, p. 159.

nomma Guillaume, cardinal diacre, comme juge du différend. Celui-ci décida que l'abbesse, le clergé et le peuple de Faremoutier étaient tenus de se soumettre à la juridiction spirituelle de l'évêque; mais celui-ci n'obtint pas tout ce qu'il désirait sur deux ou trois articles touchant au temporel.

Cette sentence, du 28 octobre 1252, devint définitive, malgré l'opposition de l'abbesse (1).

Vers 1480, des réformes devinrent nécessaires; l'évêque de Meaux obtint du Parlement un arrêt ordonnant que les religieuses mangeraient et coucheraient en commun et qu'aucune d'elles ne pourrait sortir du monastère sans la permission de l'Abbesse ou de la Prieure. Mais en 1498, les religieuses en appelèrent des ordonnances de l'évêque et l'affaire traîna en longueur jusqu'en 1515. A cette époque le monastère fut reformé et reçut des abbesses triennales. Onze religieuses tirées des abbayes de Chelles et de Montmartre, ayant à leur tête Marie Cornu, abbesse de Chelles, vinrent prendre possession de l'abbaye de Faremoutier, où elles arrivèrent en février 1518.

Le gouvernement triennal des abbesses fut plutôt projeté qu'exécuté, car les trois abbesses qui suivirent Marie Cornu furent des abbesses perpétuelles (2).

Vers 1572, l'abbesse de Jouarre, Charlotte de Bourbon, ayant abandonné son siège, Louise II de Bourbon, sa sœur, abbesse de Faremoutier, obtint l'abbaye de Jouarre. Elle conserva ces deux abbayes jusqu'à sa mort arrivée en 1586 (3).

L'évêque Jean de Buz, prélat au caractère fier et

(1) T. I, p. 246.
(2) Dom T. du Plessis. *Hist. de l'église de Meaux*, t. I, p. 310-311.
(3) Dom T. du Plessis, *Hist. de l'église de Meaux*, t. I, p. 375-376.

hautain, fut à partir de 1536 en continuelle hostilité avec l'abbesse de Faremoutier. Celle-ci résista avec énergie et fut, plusieurs fois, soutenue par le Parlement, mais la fin de la lutte paraît avoir été en faveur de Jean de Buz (1).

Vers 1590, des troubles se produisirent dans le monastère, suscités par l'application du Concordat ; le roi voulait nommer les abbés, et les religieuses voulaient continuer à les élire (2).

Le premier soin de Bossuet après sa nomination à l'évêché de Meaux, le 2 mai 1681, fut de poursuivre le procès que son prédécesseur avait intenté à l'abbesse de Faremoutier ; une transaction signée par les parties, le 22 février 1682, intervint par laquelle l'abbesse se soumettait à la juridiction spirituelle de l'évêque de Meaux et que de son côté, l'évêque renonçait à prendre connaissance du temporel de l'abbaye, si ce n'est en cas de dissipation ou de mauvaise gestion (3).

Faremoutier avait des fortifications considérables, entièrement détruites aujourd'hui. L'abbaye fut détruite après 1789 ; il n'en reste que l'abbatiale qui forme une propriété particulière.

Faremoutier, qui avait le titre de ville, était autrefois siège d'une châtellenie, d'un bailliage seigneurial, avec haute, moyenne et basse justice. Après 1789 elle devint le chef-lieu d'un canton composé de dix communes : Dammartin, Guérard, Hautefeuille, La Celle, Villeneuve-Saint-Denis, Mortcerf, Neufmoutier, Tigeaux, Villeneuve-le-Comte et Faremoutier, enfin, cette ville fut réunie au canton de Rozoy.

(1) Dom T. du Plessis, *Hist. de l'église de Meaux*, t. I, pp. 345 à 347.
(2) Dom T. du Plessis, *Hist. de l'église de Meaux*, t. I, p. 340.
(3) D. T. du Plessis, *Hist. de l'église de Meaux*, t. I, p. 478.

L'église paroissiale, bâtie sur la pente du coteau, est vaste et d'une architecture remarquable, son clocher est très élevé. Le marché se tient le lundi, et la foire le Lundi-Saint. Le 10 mai la châsse de sainte Fare était portée en procession par la ville.

A certains jours on distribuait, à la porte du monastère, du pain aux pauvres. Dans le XIXe siècle, un habitant de la ville fit une fondation pour que cette distribution eut lieu tous les jours.

En 1714, une Parisienne, Jeanne-Madeleine Denisart, pensionnaire de l'abbaye, fonda deux sœurs de la congrégation de Nevers. Ces sœurs faisaient l'école gratuitement aux indigents et soignaient les pauvres malades (1).

Une partie du hameau des Bordes dépend de Faremoutier. La ville est traversée par une chaussée qui communique de la route de Vaudoy à Paris, à la route de Coulommiers à Paris.

Nanteuil-lez-Meaux (Doyenné de Crécy). — Nanteuil-lès-Meaux, sous le titre de Saint-Georges. Cette église parait n'avoir été dans son origine que succursale de celle de Saint-Germain de Cornillon qui a été supprimée en 1726 (2).

En 1135, le Chapitre de Meaux était possesseur de la cure de Nanteuil ; une bulle du pape Alexandre III, de l'an 1180 confirme cette possession.

En 1598, les commissaires du roi donnèrent aux protestants, pour l'exécution de l'édit de Nantes le hameau de Chermont près de Nanteuil (3). En 1685, un édit du roi ordonna la démolition du temple de Chermont et

(1) D. T. du Plessis, *Hist. de l'église de Meaux*, t. I, p. 241.
(2) Dom T. du Plessis, *Hist. de l'église de Meaux*, t. II, p. 647.
(3) Dom T. du Plessis, *Hist. de l'église de Meaux*, t. I, p. 775.

en donna l'emplacement et les matériaux de la démolition à l'Hôpital-Général de Meaux.

Le Chapitre de Meaux présentait.

Les autres écarts de Nanteuil sont : Beauregard, But, Bois-le-Comte, Grand et Petit-Val, et Vieux-Noël ou Nouel (1).

Mareuil-lez-Meaux (Doyenné de Crécy). — Mareuil-lez-Meaux, sous le titre de Saint-Etienne. Ce village est ancien, puisque, en 750, les moines de Saint-Denis étaient seigneurs de Mareuil. En 1250, Anseau de Cornillon donna au fief de Saint-Denis tout ce qu'il possédait à Mareuil.

En cette année 1250, il y avait une chapelle à Mareuil. Vers le même temps, Guillaume, seigneur du lieu, en fonda deux autres, mais il semble que ce ne fut pas dans la même église, parce que, au moins l'une des deux chapelles devait être desservie par un religieux de Chambre-Fontaine (2).

L'église, qui était autrefois plus vaste, ne présente rien de remarquable. L'évêque confère de plein droit.

En 1678, un chanoine de Meaux, né à Mareuil, nommé Dautan, légua cent livres de rente en faveur des filles pauvres et vertueuses de cette paroisse. Le choix de la plus digne était fait, suivant la volonté du testateur, tous les ans, le lundi de la Pentecôte, par l'évêque ou l'un de ses grands vicaires et le procureur du roi, réunis dans la maison presbytérale et sur le témoignage du curé, du syndic et des marguilliers de la paroisse. Ce bel exemple fut imité par deux curés du lieu qui fondèrent en faveur des indigents une rente de quatre-vingts livres.

(1) Dom T. du Plessis, *Hist. de l'église de Meaux*, t. II, p. 780.

(2) D. T. du Plessis, *Hist. de l'église de Meaux*, t. I, p. 267.

Près de Mareuil est située la ferme et maison de la Grange-du-Mont.

Lesches (Doyenné de Crécy). — Lesches, sous le titre de la Sainte Vierge, *Assomption.*

L'église est petite, on y voit trois dalles très oblitérées et une statue en pierre du XIVe siècle, assez bien drapée, représentant la Sainte Vierge et l'Enfant Jésus (1).

Dans l'ancien Pouillé de Saint-Faron cette cure est marquée à la présentation de l'abbé de Rebais. Elle était alors paroisse; elle fut ensuite réunie à Jablines; mais elle en fut détachée depuis, et érigée de nouveau en cure le 14 novembre 1664.

Sur cette paroisse et sur l'ancien fief de Montigny, se trouvait le Prieuré de Montigny, sous le titre de Saint-Germain de Paris, à la collation de l'abbé de Rebais (2).

Jablines (Doyenné de Crécy). — Jablines, sous le titre de Saint-Sidoine. L'église passe pour avoir été consacrée par saint Thomas, archevêque de Cantorbéry. En effet le sanctuaire parait bien être une construction du XIIe siècle et saint Thomas, condamné par le Parlement, en 1161, était alors en France où il s'était réfugié auprès du roi Louis le Jeune.

Le reste de l'édifice ne présente rien de remarquable.

L'évêque conférait de plein droit.

Sur cette paroisse se trouvait le prieuré de Varennes, du titre de Saint-Denis aujourd'hui détruit et qui était à la collation de l'abbé de Lagny.

Quincy-Ségy (Doyenné de Crécy). — Quincy-Ségy

(1) Voir *Annales du pays de Lagny*, p. 615.

(2) Dom T. du Plessis. *Hist. de l'église de Meaux*, t. II, pp. 643-644.

formait autrefois deux paroisses, Quincy sous le titre de Saint-Denis et Ségy sous le titre de Saint-Christophe.

Un acte d'Etienne, évêque de Meaux, de l'an 1165, fait mention de la dîme de Quincy. En 1235, Pierre de Quincy dont la mère avait fondé une messe, en la chapelle du Mont Denys, donna, pour perpétuer cette fondation, deux muids de vin blanc et deux muids de « vermeil, à estre payé chacun an, en la dîme de Quincy, en vendanges ».

En 1255, Tiebaut de Cornillon gratifie la chapelle de Notre-Dame Sainte-Marie, *dou Marès*, d'un muid de vin, à prendre dans la dîme de Quincy.

En 1257, Louis IX permit de cultiver certaines terres de ce village, à la condition d'une redevance de sept septiers d'orge à la fête de Noël et de neuf deniers pour les œufs de Pâques.

Au XIIIe siècle, Jean et Hugues de Quincy, avec leurs épouses, fondèrent la chapelle de la Haute-Maison, dans la forêt du Mant.

Le château seigneurial de Quincy est placé sur le bord de la grande route.

La paroisse de Ségy fut donnée en l'an 1005, par une charte de Gilbert, évêque de Meaux, aux chanoines de la cathédrale ; elle fut mise au nombre des filles du Chapitre, c'est-à-dire des neuf paroisses qui relevaient immédiatement de ce dernier et auquel celui-ci conférait la cure, sans présenter le titulaire à l'évêque.

Cependant, dans le principe, Ségy n'était qu'une annexe de la paroisse de Boutigny.

Les écarts de cette commune sont : le haut et bas Moulignons, le hameau de Voisins, et une partie de celui d'Hury. Cette commune possède des carrières à plâtre. Un tiers de la population professe la religion protestante (1).

Guérard (Doyenné de Crécy). — Guérard, sous le titre de Saint-Georges; Dom Toussaints Duplessis présume que Gauthier Ier, évêque de Meaux, donna en 1045 aux religieux de la Celle le patronage de la cure de Guérard. Ceux-ci établirent à Guérard un prieuré conventuel, d'où l'ancien nom de ce lieu La Celle-Guérard.

Le séminaire des Missions étrangères, à Paris, présenta jusqu'à la Révolution, comme tenant la place du prieur de la Celle.

Il existait sur cette paroisse un ermitage contigu à une petite chapelle sous le nom de Saint-Blandin (2).

Les hameaux de cette paroisse étaient le Charnoy, Chaudbuisson, Courbon, Courtry, Gennèvrage, Le Grand-Lud, Le Moricet, Moutbrieux, Manthérand, le Petit-Lud, La Ronce, Rouilly-le-Bas, Rouilly-le-Haut.

(1) F. Pascal, *Hist. de S.-et-M.*, t. I, p. 556.

(2) Dom T. Du Plessis, *Hist. de l'église de Meaux*, t. I, p. 115 et t. II, p. 642.

CHAPITRE VI

LA FORÊT DE CRÉCY

Élection de Meaux. — L'élection de Meaux comprenait Meaux, Crécy et la Ferté-sous-Jouarre.

Population. — En 1700, le nombre des hommes au-dessus de quinze ans était de 360 pour Crécy.

Huguenots. — Il y avait dans l'Élection de Meaux quinze cents familles de huguenots, il en est sorti cent familles ; il en est resté, vers 1700, cinq cents familles représentant deux mille trois cents personnes, dont la plupart vivent comme ils vivaient avant leur abandon de la religion catholique.

Crécy possédait alors un bailliage, une prévôté royale et une maîtrise particulière des eaux et forêts.

Dans l'élection de Rozoy, il y avait soixante-quatre justices dont plusieurs ressortissaient à Crécy (1).

L'état des sous-fermes des aides de la Généralité de Paris, Meaux, compris le département de Crécy, était de 160.000 livres.

Foire. — La foire de Crécy se tenait le 29 novembre, jour de Saint-Michel.

(1) De Boislisle, *Mémoires des Intendants*, t. I, pp. 140, 147, 153, 229, 278 et 283.

Pont. — En ce temps (1700), le pont de Crécy était un pont de bois de deux arches, en mauvais état (1).

Maîtrise. — La Maîtrise de Crécy s'étend en 1709 sur une partie de l'Élection de Paris, sur les Élections de Meaux, Rozoy et Coulommiers qui sont de la Généralité de Paris et sur l'Élection de Château-Thierry qui est de la Généralité de Soissons.

ÉLECTION DE PARIS

Les bois de cette Maîtrise sont dans l'élection de Paris, le Bois, appelé la Grange-du-Bois, joignant l'abbaye de Saint-Pierre de Lagny, appartenant à Mr l'abbé de Noirmoutier qui possède cette abbaye; il contient trois cent seize arpents. Plus à lui, en la même qualité, dans le buisson de Maunil deux cent trente arpents.

Dans le même buisson de Maunil, Me Jacquier, conseiller au Parlement, en a quatre cents arpents.

ÉLECTION DE MEAUX

Les bois et forêts de cette Election sont de la Maîtrise de Crécy.

Ces bois sont la forêt de Crécy (2).

Cette forêt s'étendait sur les terroirs de Court-Evroul, Villiers-sur-Morin, Voulangis, Tigeaux, Dammartin-en-Brie, Mortcerf, Hautefeuille, Pézarches, Lumigny, Crèvecœur, La Houssaye, Neufmoutiers, Favières, Villeneuve-le-Comte, et Villeneuve-Saint-Denis.

(1) De Boislisle, *Mémoires des Intendants*, t. I, pp. 350 à 363.
(2) De Boislisle, *Mémoires des Intendants*, t. I, pp. 319 à 323.

Située dans la Brie, entre la vallée du Grand-Morin au Nord-Est et au Sud, celle de l'Yères qui descend précisément des fourrés Sud-Est du massif, la forêt de Crécy dessine avec la forêt d'Armainvilliers à laquelle elle est contiguë au Nord-Ouest au-delà du vallon du rû de la Folie, une énorme région boisée en forme de tenaille ouverte au Sud-Est, dont la forêt de Crécy est la branche orientale.

La longueur du Nord-Ouest au Sud-Est est, en 1900, de quatorze kilomètres; du Nord-Ouest, où sa largeur est de six kilomètres, elle va se rétrécissant graduellement vers le Sud-Est. La route de Villeneuve-le-Comte à Pézarches est percée suivant l'axe du massif.

Sa contenance totale est de 4.970 hectares.

La forêt est traversée par le chemin de fer de Paris à Coulommiers sur 1.500 mètres.

Elle est traversée par le chemin de fer à voie étroite de Lagny à Mortcerf (1).

La forêt de Crécy contient en 1760 cinq mille cent trente-et-un arpents, dont il appartient au roi deux mille arpents en nature de futaie.

Les autres trois mille cent trente-et-un arpents sont bois taillis qui furent aliénés, en l'année 1638, par les commissaires du roi et M. le marquis de Coislin; ils appartiennent, vers 1700, à madame de Laval, sa veuve, à Mr le cardinal et à M. le duc de Coislin qui en jouissent par engagement.

Cette forêt est partagée en quatre gardes, séparées les unes des autres par quatre routes qui aboutissent à un carrefour où il y a une croix, posée sur un piédestal de gresserie, qui était appelée la Belle-Croix.

(1) P. Joanne, *Dict. géographique*, t. II, p. 1151.

Cette forêt est entourée de plusieurs bois qui appartiennent à des communautés ecclésiastiques et à plusieurs particuliers, savoir :

Aux Dames Religieuses de Pont-aux-Dames cinq cent soixante-quinze arpents ;

Aux Dames Religieuses de Faremoutiers deux cent quatre-vingt-cinq arpents ; plus en un autre canton appelé l'enclos de Fauvinet, quatre-vingts arpents ;

Aux Religieux de Saint-Denis en France, deux cent trente-sept arpents ;

Au Sieur Aymejean, bourgeois de Paris, quatre-vingts arpents.

Les autres bois de l'Élection de Meaux sont les bois attenant le parc d'en bas du château de Montceaux qui appartiennent, savoir :

A M^r^ l'évêque de Meaux, à la Petite Mesure, mille quatre cents arpents ;

Au Chapitre de Saint-Étienne de Meaux, cent vingt-neuf arpents ;

A M^r^ l'archevêque de Paris, à cause de la Seigneurie d'Armentières, proche les bois de Meaux, quarante-quatre arpents ;

Aux héritiers Aveline, joignant les bois de Meaux, quarante-cinq arpents ;

Au Prieuré de Notre-Dame de Grand-Champ, soixante-dix arpents, dépendant du Prieuré ;

Au prieur de Rouget (non mentionné dans l'état du diocèse de Meaux), quatre-vingt-quatre arpents, dépendant du Prieuré qui est possédé par le père de Creil, religieux de Sainte-Geneviève de Paris ;

Au prieuré de Neuilly-Saint-Front, attenant au bois ci-dessus et à ceux de Chivres, quarante-quatre arpents ;

A Mgr l'évêque de Tournay, à cause de son abbaye

de Rebais, en plusieurs pièces, la quantité de huit cents arpents;

Au prieuré de la Madeleine de Chamigny, à cause de son prieuré, quarante-neuf arpents;

A M. le duc de Gesvres, au dit lieu, cinquante-deux arpents;

Aux habitants de Vandrest et autres particuliers, deux mille arpents;

Au seigneur de la Ferté-sous-Jouarre, en plusieurs pièces de bois taillis, quatre-vingts arpents;

A l'abbaye de Jouarre, tant dans l'étendue de cette paroisse que proche le bois de Meaux, neuf cent cinquante arpents;

A madame la duchesse de Nemours, attenant les bois de Nolongue, quatre cents arpents; plus, proche le bois de Saint-Faron et de Villemareuil, en plusieurs pièces, six cents arpents;

A madame la princesse de Lillebone, à cause de son château et seigneurie de Villemareuil, en plusieurs pièces, quatre cent huit arpents;

A M. l'abbé de Lorraine, à cause de l'abbaye de Saint-Faron, attenant le bois de Villemareuil, cent quatre-vingts arpents; plus à cause de la seigneurie de Penchard quatorze arpents;

Aux religieux de cette abbaye trente arpents;

Aux religieux de Saint-Fiacre, proche les bois de Villemareuil, soixante arpents;

A M. l'abbé de Rouvroy, à cause de son abbaye de Chaage, dans Meaux, trente-huit arpents;

Au commandeur de la commanderie de Dieu-l'Amant, proche Saint-Fiacre, quarante-cinq arpents;

Outre ces bois, il y en a encore une grande quantité, divisée par petites portions de trente arpents et au-dessus, qui sont possédés par des communautés et des particuliers, qu'on n'a pas estimé à propos devoir rapporter ici, pour éviter la prolixité.

Presque tous ces bois sont taillis de nature de chênes et de hêtres.

Élection de Rozoy. — Les bois et forêts qui sont de cette élection sont de l'étendue et dépendance de la maîtrise de Crécy;

La forêt de Crécy s'étend en partie sur cette élection.

La forêt de Jouy l'Abbaye contient six mille arpents; elle s'étend sur l'élection de Rozoy et sur celle de Provins. Il y a sur l'élection de Rozoy six cent soixante-dix-sept arpents seulement; le surplus est sur l'élection de Provins.

Dans ce bois il y a un chemin, qu'on appelle Voie aux Moines, qui sépare ces deux élections.

Les possesseurs des bois de cette forêt seront rapportés ci-après dans la Maîtrise de Provins.

Les autres bois de cette élection sont situés et appartiennent, savoir :

A Maisoncelles aux religieux de Saint-Denis en France, comme seigneurs de cette paroisse, six cent dix-sept arpents;

A Gestins, les bois de Thiboult (Tibou) contenant quatre cents arpents, dont trois cent soixante arpents appartiennent à l'abbaye de Jouy, et quarante à M. de Grandcour, gentilhomme demeurant sur les lieux;

A la Celle (sur-Morin), partie en taillis, partie en futaie, à M. l'abbé de Lionne en qualité de prieur de la Celle, deux cent vingt-cinq arpents;

A Hautefeuille, à M. de Mauperthuis, cent cinquante arpents;

Le buisson de Malvoisine, bois taillis appartenant à plusieurs communautés et particuliers, savoir :

A l'abbaye de Faremoutiers, tant dans le buisson que dans les contrées de la Crosse et Hauteborne, huit cent cinquante arpents;

A M. Ollier cent cinquante arpents;

A M. de Mauperthuis quarante arpents;

A M. de Chevry cent trente-deux arpents;

Au sieur Bois-Poussin cinquante arpents;

Le bois de Lumigny, tenant à la forêt de Crécy, appartenant à mademoiselle de Besmaus, dame du lieu, contient mille cent soixante-seize arpents.

A Mortcerf elle en possède, à cause de sa terre de La Malmaison, quatre cent quatre-vingt-dix-huit arpents; plus à Guérard quatre-vingt-dix et à Pommeuse vingt arpents.

Aux environs de Crécy, il y a des bois taillis sur l'élection de Rozoy qui appartiennent, savoir :

A M. Duponty, payeur de rentes, trois cents arpents;

A M. Menjot, maître des comptes, quatre-vingt-sept arpents; et à différents particuliers, en petites portions, environ trois cents arpents;

A. Fontenay, M. de Breteuil, conseiller d'État, intendant des finances, en possède six cents arpents.

Les bois de Pavant, dans la paroisse de Marles, contiennent cinq cent douze arpents. Ils appartiennent, savoir :

A M. Robert, cent vingt-deux arpents;

A M. de Lannion, cent trente arpents;

A Courpalay au Seigneur, deux cents arpents.

Les bois de Nangis, au Seigneur, contiennent quatre cents arpents.

Les bois de Fontenailles, à une lieue de Nangis,

appartiennent à M. de Verthamon, premier président du grand conseil ; ils contiennent quatre-vingts arpents.

Les bois de Pacy, à deux lieues de Rozoy, appartenant, savoir :

Au Seigneur, quatre-vingt-dix arpents ; et à divers particuliers cent trente-deux arpents.

Les religieux d'Hermières, aux environs de leur abbaye, possèdent en plusieurs pièces six cents arpents.

Les bois de Citry, situés entre Villeneuve-le-Comte et Bailly, appartiennent à M. le prince de Guémenée, à M. Molé et à des particuliers ; ils contiennent deux cent trente arpents.

ÉLECTION DE COULOMMIERS

Les bois qui sont dans l'étendue de l'élection de Coulommiers sont pareillement de la Maîtrise de Crécy. Il n'y a aucune forêt, mais seulement quelques bois taillis qui appartiennent aux seigneurs des paroisses. Dans la paroisse de Maillard (les Maillards), les Chartreux de Paris en possèdent quatre cents arpents ;

A Amillis, M. de la Martellière, maître des requêtes, quatre cents arpents ;

A Roissy, M. de Roissy Caumartin, maître des requêtes, trois cents arpents ;

A Doue, M. le marquis de Palaiseau, neuf cents arpents ;

A Chevru, le bois dépendant de la Commanderie, ils contiennent deux cents arpents ;

A la Haute-Maison, la Congrégation de l'Oratoire de Paris, en possède soixante-quinze arpents ;

A Hondevilliers, les Célestins de Paris, quatre-vingts arpents;

Les bois de la Maison-Neuve dépendant de la Commanderie, proche Coulommiers; ils contiennent cent soixante-trois arpents. Le bois Botté en dépend qui contient soixante-trois arpents;

A Saint-Martin-des-Champs et à la Ferté-Gaucher, aux Seigneurs, deux cent cinquante arpents;

A Pierrelevée et à Signy-Signets à M. de Montebise, quatre cents arpents;

A Aulnoy, au Seigneur, cent cinquante arpents;

Presque tous ces bois sont de chênes, mêlés de peu de hêtres.

Il y a de plus environ six cents arpents dispersés dans plusieurs paroisses de l'élection qui appartiennent à différents particuliers, lesquels ne méritent pas d'être observés singulièrement (1).

Juridiction de la Maîtrise. — Le siège de la Maîtrise particulière des Eaux et Forêts de Crécy était un des douze composant la grande Maîtrise du département de Paris et Ile-de-France. Il avait d'abord été établi en la ville et Bailliage de Meaux, par édit du mois de février 1554, d'où il a été transféré, peu de temps après, en la ville de Crécy, comme l'endroit le plus à proximité de la forêt du même nom. Le Bureau municipal de Meaux fit, en 1778-1780, une demande tendant au rétablissement dans la dite ville de la Maîtrise des Eaux et Forêts, transférée à Crécy, sans qu'il fut intervenu aucune disposition légale (2).

La juridiction ne s'étendait d'abord que sur le bail-

(1) De Boislisle, *Mémoires des Intendants*, t. I, p. 319 à 323.

(2) Archives de Seine-et-Marne, t. IV, deuxième supplément à la série E, p. 87.

liage de Meaux, mais en 1772, après l'échange fait avec le comte d'Eu, la connaissance de toutes les matières d'Eaux et Forêts, pêches et chasses, dans l'étendue de l'ancien ressort de la Maitrise des Eaux et Forêts de Château-Thierry, composé des bailliages de Châtillon-sur-Marne et du comte de Vertus, pour ce qui était de la rive gauche de la Marne, lui fut attribuée.

Les officiers connaissaient, en première instance, tant au civil qu'au criminel, de toutes matières d'Eaux et Forêts, pêches et chasses dans l'étendue de leur ressort; il était défendu aux parties et à leur procureur de se pouvoir ailleurs, à peine de nullité et d'amende.

Tous les gardes-bois, chasse et pêche, tant du roi que des particuliers et communautés devaient être reçus en cette juridiction et y déposer leurs rapports, à peine de nullité.

Les officiers étaient aussi en possession d'exercer la juridiction ordinaire tant pour le civil que pour le criminel au hameau de la route de Grez, près Tournan où ils tenaient leurs assises, tous les ans, le Dimanche après la Madeleine. Ils avaient éte confirmés dans ce droit par plusieurs arrêtés.

Ils tenaient leurs assises, pour le ressort du Bailliage de Meaux, en l'auditoire du dit Bailliage, le dit jour de la foire de la Mi-Mai, et pour le Bailliage de Château-Thierry et dépendances en l'auditoire de la dite ville, le 22 mai de chaque année, auxquelles assises étaient tenus de paraître les adjudicataires, tant des bois du roi que de ceux appartenant aux prélats, bénéficiers et communautés de gens de main-morte, les pêcheurs, meuniers, tanneurs, gardes et généralement tous ceux qui travaillaient dans les bois ou sur les rivières du ressort. C'est au jour et avant la tenue des assises que les pêcheurs étaient obligés de présenter en l'auditoire le plat de poisson du roi Il y avait encore vingt-quatre gardes traversiers répandus en différents endroits du ressort pour veiller à la police des bois, rivières et routes. Ils étaient pourvus, ainsi que les arpenteurs, par commission du grand-maître, sur la présentation des officiers de la maîtrise (1).

Chasse. — Un arrêt de 1258 porte que le sieur de Créci (Creciaco) n'a pas de garenne dans la terre du Chapitre de Meaux (2).

Les nobles de la chastellenye de Melun 1291 ont droit de chasse à cerf et à biches ès foretz qui sont entre la rivière de Seine et la forest de Crécy, fors ès bois de Samoisel (3), de Rogel (4) et Tourne en Fuye (5).

Arrêt. — Un arrêt de 1324 annule, pour vice de forme, une enquête faite sur l'ordre du roi, par le bailli royal et le gruger de Crécy, au sujet de certains bois de la forêt de Crécy, que l'abbesse de Faremoutier prétendait devoir être vendus chaque année (6).

Le 10 septembre 1627 Molé informait le garde des Sceaux que le procès de la Tasse aux Noyers, en la forêt de Crécy, était en état de jugement (7).

Officiers divers. — En 1774 et en 1789, Antoine Didier était arpenteur royal de la Maîtrise des Eaux et Forêts de Crécy (8).

(1) Michelin, *Essais historiques*, t. II, pp. 628 à 641.
(2) Boutaric, *Ann. du Parlement*, *Olim*, t, I, p. 16.
(3) Samoreau.
(4) Rougeau.
(5) Boutaric, *Ann. du Parl. Olim.* t. I, p. 441.
(6) Boutaric, *Ann. du Parlement*, t. II, p. 577.
(7) Molé, *Mémoires*, t. I, p. 466.
(8) Arch. de S.-et-M., t. II, série G, p. 19.

En avril 1781, Alexandre Sébastien Viollet-Leduc était conseiller du roi, garde-marteau de la Maîtrise particulière des Eaux et Forêts, de bailliages de Meaux, Crécy et Château-Thierry, en partie, demeurant à Crécy-en-Brie (1).

Le 25 décembre 1782, Me Joseph Coulon, avocat en Parlement, conseiller du roi, était son procureur en la Maîtrise des Eaux et Forêts de Meaux, Crécy et Coulommiers en partie (2).

En 1779, C. C. Scocart, géographe à Crécy, levait les plans (3).

Maladie des Bestiaux. — En 1714, la maladie des bestiaux faisait de grands progrès dans plusieurs Élections où elle causait une grande mortalité. On envoya trois remèdes dont le *remède des Pauvres* qui était fait à Paris. Ce remède devait être distribué gratuitement aux pauvres. On prit des mesures pour empêcher le progrès du mal et en connaître les causes. Le mal continuant et approchant Paris, on envoya de cette ville un médecin et un chirurgien de l'Hôtel-Dieu qui devaient aller à Crécy, à Sezanne-en-Brie, de là à Troyes et à Bar-sur-Aube où la maladie faisait de grands ravages (4).

Offices de Maires. — Par un édit royal daté de Fontainebleau, septembre 1714, les offices de maires, lieutenants de maires et autres officiers municipaux furent supprimés (5).

(1) Arch. de S.-et-M., t. IV, 2e supplément à la série E, p. 156.
(2) Arch. de S.-et-M., t. IV, 2e supplément à la série E, p. 175.
(3) Arch. de S.-et-M., t. II, série G, p. 19.
(4) De Boislisle, *Correspondance des contrôleurs généraux*, t. II, p. 548.
(5) Arch. de S.-et-M., t. I, supplément à la série E, p. 65.

Réunion de Crécy au Domaine. — Le 16 août 1720, le domaine et le forêt de Crécy possédés par de Coislin évêque de Metz furent réunis au domaine du roi. La contenance de cette forêt, d'après l'arpentage fait en 1718 par M. Mathis, était de 5.130 arpents 65 perches, dont 2.130 arpents étaient plantés de recrues de futaie de plusieurs âges, jusqu'à quatre-vingt et quatre-vingt-dix ans, etc. (1).

Gouverneur. — L'office du gouverneur, lieutenant du roi en la ville de Crécy, et de major, fut rétabli par l'édit d'août 1722.

On possède une quittance de 9.000 livres pour la finance du premier de ces offices, au nom de messire Maximilien Grangier de Bellesme, chevalier, et de 6.820 livres pour même cause versées pour le second office par Denis Philipot.

Le serment fut prêté par les différents officiers entre les mains de Hercule Meriadec, prince de Rohan, de Maubuisson et de Soubise, duc de Rohan-Soubise, gouverneur de Champagne et de Brie. Le duc délivra ensuite des lettres d'envoi en possession au maire et aux échevins de Crécy (2).

Maître de latin. — En 1734-1739, le cardinal de Bissy, évêque de Meaux, fonda à Crécy un maître de latin (3).

Minimes de Saint-Pierre. — Les religieux Minimes fondés à Fublaines, en 1588, par Pierre Poussemie, chanoine de Meaux, furent transportés à Crécy en 1740. L'église de ce monastère a été démolie et convertie en maison d'habitation.

Les Minimes acceptèrent le monastère des religieuses

(1) Arch. de S.-et-M., Relevé de documents, p. 213.
(2) Arch. de S.-et-M., t. I, supplément à la série E, p. 65.
(3) Arch. de S.-et-M., t. I, série AE, Supp. à la série E, p. 65.

de Mont-Denis dont une partie était rentrée dans le couvent de Noefort et l'autre partie dans l'abbaye de Notre-Dame de Meaux. La dernière prieure se nommait Bonne Hardy.

Les Minimes possédaient des biens à Fublaines, Meaux, Saint-Jean-les-Deux-Jumeaux, Sary et Sammeron (1).

Carmes déchaussés. — Crécy possédait un couvent de Carmes déchaussés. Les Archives de Seine-et-Marne nous apprennent que de 1721 à 1785, ces religieux possédaient des biens à Acy, Crégy, Étrépilly, à Mongrolle paroisse de la Chapelle-sur-Crécy, et des titres de rente annuelle et perpétuelle (2).

Réunion des offices municipaux. — De 1750 à 1760 survinrent des Arrêts du Conseil d'État relatifs à la réunion des offices municipaux aux corps de ville et communautés et au payement de la dispense de fournir un homme vivant et mourant pour ces offices (3).

L'homme vivant et mourant remplaçait la mutation. Au décès de cet homme, la ville devait payer les droits de mutation habituels.

Après les engagements aux Coislin, le domaine à la réserve des tours et la forêt de Crécy avaient été réunis au domaine du roi. Puis en mars 1723 le domaine et la forêt furent vendus par les commissaires du conseil au marquis d'Ancenis (4), petit-fils de Georges d'Antraigues, seigneur de La Chapelle, moyennant 61.000 livres (5).

(1) Arch. de S.-et-M., t. II, série H, p. 30.
(2) Arch. de S.-et-M., t. II, série H, p. 31.
(3) Arch. de S.-et-M., t. I, sup. à la série E, p. 65.
(4) Arch. de S.-et-M., Relevé de documents, p. 140.
(5) Arch. de S.-et-M., Relevé de documents, p. 220.

De Bethune Charost. — Le 13 janvier 1733, le duc Paul François, duc de Bethune Charost, pair de France, capitaine des gardes du corps de Sa Majesté, comte par engagement du domaine de Crécy, fut renvoyé devant la Maitrise de Crécy, pour contestation avec Pierre Martin, propriétaire d'un moulin à tan sur la rivière de Crécy.

L'année suivante 1734, un arrêt ordonna qu'une requête présentée au roi par le duc de Bethune Charost serait communiquée au sieur Martin, dit le Prince (1).

Boucherie de Carême. — De 1727 à 1789, la permission fut donnée à Pierre Genou, boucher à Crécy, de vendre et débiter des viandes pendant le Carême, pour les personnes malades, infirmes et valétudinaires, sur un certificat du curé, d'un médecin et d'un chirurgien (2). L'établissement de la boucherie avait été fait en 1621, sur le pont de la Prison.

Ménage de Mondesir. — François Joseph de Mondesir, écuyer, était conseiller du roi, secrétaire honoraire de Sa Majesté, seigneur de la Chapelle-lez-Crécy, Roise, Montaudier-le-Bas, du fief de la Croix de Bouleurs, etc. (3). Il devint seigneur engagiste de Crécy, moyennant 270.000 livres, le 29 mars 1741, suivant contrat passé à Paris, devant Renard notaire, par le sieur de Bethune Charost (4).

Le 27 mars 1741, Paul François, duc de Bethune Charost, en son nom et comme tuteur d'Armand Joseph de Bethune Charost, vendait à François Joseph

(1) Arch. de S.-et-M., Relevé de documents.
(2) Arch. de S.-et-M., t. II. supp. à la série H, p. 51.
(3) Arch. de S.-et-M., t. II. supp, à la série H, p. 55.
(4) Arch. de S.-et-M., t. III. supp. à la série E, p. 25.

de Mondesir le domaine de Crécy, plus les terres et seigneuries de la Chapelle, Montaudier, Lebermon, Monpolle, La Croix, Roise et autres fiefs (1).

Mondesir était seigneur de la Chapelle-sur-Crécy, Roise, etc. (2).

Acte de concession. — On possède la copie d'un acte de concession par Menage de Mondesir, devant Bertin, notaire, en date du 26 octobre 1754 (3).

Arrêt. — Un arrêt du 18 mai 1756 ordonne la délivrance, à François Joseph Menage, de 301 arbres épars sur les champs et chemins environnant la forêt de Crécy, à la charge d'en payer le prix suivant l'estimation et d'employer ce prix au curage des bras de la rivière du Morin (4).

Entre 1656 et 1789, Menage de Mondesir, seigneur engagiste de Crécy, envoya une signification au maire et aux échevins de cette ville, tendant à être déchargé de l imposition qui frappe le moulin banal du comté, dont les produits appartiennent aux communauté, cure et fabrique de la dite ville (5).

Le 24 octobre 1765, François de la Barre, seigneur de Martigny, vendait à Menage de Mondesir, ci-devant engagiste de Crécy, 36 livres 8 sols de rente foncière en six parties (6).

Comte d'Eu, Louis Charles. — L. J. Marie de Bourbon, comte d'Eu. Le 19 mars 1762, Louis Charles de Bourbon, comte d'Eu, devint comte de Crécy. Il était

(1) Arch. de S.-et-M., t. III, série E, p. 31.
(2) Arch. de S.-et-M., t. II, sup. à la série H, p. 55.
(3) Arch. de S.-et-M., t. I, sup. à la série E, p. 65.
(4) Arch. de S.-et-M., Relevé de documents, p. 230.
(5) Arch, de S.-et-M., t. I, sup. à la série E, p. 65.
(6) Arch. de S.-et-M., t. III, sup. à la série E, p. 65.

le second fils du duc du Maine, prince légitimé, fils de Louis XIV et de madame de Montespan. Le comte d'Eu, né le 15 octobre 1701, devint Grand-Maître et capitaine général de l'artillerie le 16 mai 1710, gouverneur de la Guyenne le 28 décembre 1712. Il avait hérité de la principauté de Combes en 1755, et le 19 mars 1762, il céda au roi cette principauté, à titre d'échange, contre le comté de Gisors, en Normandie, le comté et la forêt de Crécy et d'autres terres. Le 30 août 1762, le Parlement de Dombes enregistra la déclaration du roi portant union de la principauté à la couronne (1).

Ponts. — Promenades publiques. — Les ponts de Crécy furent réparés en 1766.

En 1766, un arrêt de la Cour du Parlement de Paris autorisa les maire et échevins de Crécy à acquérir du comte d'Eu, seigneur du lieu, les fossés et terrains, au pourtour de cette ville, contenant 13 arpents 34 perches, moyennant 40 livres de rente perpétuelle, et à acquérir aussi un arpent et demi de terrain près la porte de Dame-Gille, appartenant à Martin Leprince Fildesoye, aux filles charitables et autres, au prix le plus avantageux.

Une délibération du conseil du comte d'Eu subrogea la ville dans les droits du seigneur, pour la plantation d'arbres à l'entrée de Crécy (2).

Terrain pour la tenue des foires. — En 1770, devant Bertin et son confrère, notaires à Crécy, fut vendu un terrain de 19 perches trois quarts, en deux pièces, près la porte de Dame-Gille, par madame Nazareth, au profit de la ville, moyennant soixante livres (3).

(1) Expilly, dict. de géographie et d'histoire.
(2) Arch. de S.-et-M., t. I, supp. à la série E, p. 66.
(3) Arch. de S.-et-M., t. I, supp. à la série E, p. 66.

Sur ces deux pièces les foires devaient être tenues.

Le comte d'Eu mourut le 13 juillet 1775, laissant le comté de Crécy à son neveu L. J. Marie de Bourbon, duc de Penthièvre.

Duc de Penthièvre. — Le duc était fils de L. Alexandre de Bourbon, comte de Toulouse, troisième fils légitime de Louis XIV et de madame de Montespan et le dernier héritier des fils légitimes de Louis XIV et de madame de Montespan. Né à Rambouillet en 1725, il perdit son père à douze ans, se distingua à la bataille de Fontenoy, et quitta le service pour se retirer dans sa belle résidence de Sceaux, où il se fit bénir par sa bienfaisance. Il eut la douleur de voir mourir jeune son fils, le prince de Lamballe, ainsi que sa belle-fille si cruellement égorgée à Paris en 1792. Il mourut à Vernon en 1793. Grâce à sa grande popularité, il traversa un temps où il suffisait d'être noble par la naissance, la vertu ou les talents pour mériter l'échafaud.

Beaufils. — De 1769 à 1789, Pierre-Louis Beaufils, avocat au Parlement, fut bailli de Crécy (1).

Gardes-messiers. — En 1777, les habitants de la Chapelle-sur-Crécy s'assemblèrent pour nommer des gardes-messiers, préposés à la conservation des récoltes, en cette paroisse, dans l'étendue du terroir et domaine de Crécy (2).

Titres de rente. — On possède des titres de rente de quatre mille livres sur les aides et gabelles, pour garantir le payement par le duc de Penthièvre d'une rente de 222 livres, 4 sols, 5 deniers, due à l'église du lieu, au nom du comte d'Eu.

On possède encore un bail de divers biens de la

(1) Arch. de S.-et-M., t. II, supp. à la série H, p. 52.
(2) Arch. de S.-et-M., t. I, supp. à la série E, p. 67.

fabrique aux territoires de Saint-Martin et de Crécy (1).

Courte-Pinte. — Par procès-verbaux d'adjudication par les officiers de l'Élection de Meaux, « la moitié de la ferme de Courte-Pinte, et la moitié du doublement d'icelle, plus le sol par livre appartenant à la ville de Crécy, et ordonnées par diverses déclarations du Roi, furent adjugées le 1er décembre 1768, au profit de Juvigny, moyennant 693 livres ; — une deuxième adjudication fut faite le 16 décembre 1774, au profit de Passin, moyennant 767 livres 10 sols ; — une troisième, le 15 décembre 1780, au profit de Bertin, au prix de 577 livres 10 sols, — et la dernière, le 15 décembre 1786, au même, moyennant 682 livres 10 sols (2).

Pont de Dame-Gille. — En 1781, le pays fut inondé et la violence du courant du Morin fut tellement forte qu'elle emporta le pont de Dame-Gille (3).

L'église. — L'église Saint-Georges fut reconstruite par la générosité du duc de Penthièvre qui en posa la première pierre, le 18 octobre 1779. Il y eut à cette occasion grande fête à Crécy.

Grande fête. — Le prince descendit de sa voiture à la porte de Dame-Gille où l'on avait élevé un arc-de-triomphe et où s'étaient rendus les officiers et les échevins au milieu des compagnies bourgeoises sous les armes. Après avoir été complimenté par les échevins qui lui présentèrent le vin et les clefs de la ville et ensuite par les officiers du Bailliage, il fut conduit, au son des instruments, jusqu'à la maison de la Mission où il dîna.

En traversant la ville il était précédé d'une compa-

(1) Arch. de S.-et-M., t. I, supp. à la série E, p. 67.
(2) Arch. de S.-et-M., t. I, supp. à la série E, p. 65.
(3) Arch. de S.-et-M., t. I, supp. à la série E, p. 65.

gnie de bourgeois en uniforme de dragons, d'une autre de jeunes gens en uniforme de cadets de la milice bourgeoise et des chevaliers de l'arquebuse qui étaient allés au-devant de lui jusqu'à la forêt et qui l'accompagnèrent jusqu'au moment de son départ.

A son arrivée à la Mission et après avoir assisté au salut qui fut donné dans cette église par le Supérieur qui le harangua, le duc de Penthièvre fut complimenté d'abord par le clergé et ensuite par les officiers de la Maîtrise royale et par plusieurs seigneurs et gentilshommes des environs qui étaient venus pour lui rendre leurs hommages.

Le soir, le duc, en partant pour retourner à Armainvilliers, fut reconduit, à la sortie, avec le même cérémonial qu'à son arrivée aux portes de la ville.

La popularité du duc avait attiré un grand concours d'habitants de Meaux et des environs.

Le 1er octobre, le duc vint de son château de Sceaux à Crécy, pour assister le lendemain à la bénédiction de la nouvelle église. Arrivé à Pont-aux-Dames, il fut reçu par les chevaliers de l'Arquebuse et une troupe en uniforme de dragons de Penthièvre qui le conduisirent à Crécy. Entre une double haie de cadets en uniforme de Penthièvre et de milice bourgeoise, le duc se rendit par la ville jusqu'à la maison des Minimes où son logement était préparé. Au soir il reçut la visite de l'évêque et de ses vicaires généraux.

Tous les dignitaires de la ville vinrent là lui rendre leur hommage et le soir il y eut illumination générale de la ville.

Le duc assista le lendemain à la bénédiction de la nouvelle église, puis les chanoines de Saint-Georges le nommèrent chanoine d'honneur du Chapitre dont il accepta l'aumusse comme l'investiture du canonicat.

Pour se rendre de l'église Saint-Georges à l'église des Minimes afin d'y prendre le Saint-Sacrement qui y était déposé depuis trois ans, le duc assista à la procession ; à la tête marchaient les cadets, précédés de leurs fifres et tambours, ensuite le clergé séculier et régulier revêtu des ornements sacerdotaux ; au centre des musiciens ; sous un dais l'évêque portant le saint sacrement ; puis le duc, les gentilshommes et les dignitaires ; la marche était formée par la garde du domaine et les valets de ville couverts de la livrée du duc.

C'est en cet ordre qu'après une station en l'église des Minimes, on arriva à la paroisse Saint-Georges. La grande messe fut célébrée avec pompe. Madame Millet, fille de M. Ménage, ci-devant seigneur engagiste du domaine, fit la quête pour les pauvres et la messe fut suivie d'un *Te Deum*.

Le même jour, le duc dîna en public avec l'évêque et les dignitaires ; une autre table fut dressée pour le clergé dans la salle de la Mission. La journée se termina par un bal.

Le duc partit le lendemain pour son château d'Armainvilliers en laissant partout des preuves de sa générosité.

Tous les ans, le 2 octobre, jour de la bénédiction, messieurs du Chapitre de Crécy chantaient une messe solennelle, vêpres et salut avec exposition du saint sacrement, pour la conservation des jours de leur pieux bienfaiteur.

Inscription. — Nous reproduisons ici l'inscription suivante :

Sub Pio VI° Ecclesiæ Romanæ Pontifici et Ludovico XVI feliciter regnante
Hanc Basilicam
Denuo a fundamentis
Extruxit
Ejusdem primam lapidem
posuit,
Altissimus Potentissimus ac Serenissimus Princeps. D. D. Ludovicus Joannes Marie de Bourbon, duc de Penthièvre, de Château Vilain De Rambouillet, d'Aumale et de Gisors, Cræceaci et aliorum locorum
Comes
Par Franciæ
Toti rei maritimæ, necnon Venatoriæ
Præpositus :
Regis in Britaniæ provinciâ
Præfectus
Adstansibus ejudem Ecclesiæ Venerabilibus
Canonicis, Joanne-Josepho Fildesoie, Parochiæ Cræciacensis Rectore
Joanne-Ludovico Notté,
Joanne-Perro Grossiez,
Nicolao-Carolo Goupy
Qui hanc inscriptionem
Suprà dicto Principi,
Non minus eximia pietate, quàm ortus
Genere Insigni
In illius munificentiæ Monumentum
Necnon in sui et omnium Civium memoriâ
Animi pignus dedicarunt
Die 18 mensis octobris
Anno MDCCLXXIX (1).

Louis XVI. — De graves événements allaient bientôt s'accomplir en France. Le roi Louis XVI en montant sur le trône, en 1774, s'était signalé par des actes qui

(1) Michelin, *Essais historiques*, t. II, pp. 628 à 641.

lui valurent l'approbation générale : la suppression du don de joyeux avènement, l'abolition de la corvée, de la torture et des derniers restes de la servitude féodale. Dans sa bonne foi, il supprima sa maison militaire, de sorte que la royauté qui avait besoin de toutes ses forces, surtout au jour des concessions, se trouvait complètement impuissante au moment où elle allait changer la constitution politique du pays, par l'abandon d'une grande partie de ses anciens droits.

L'héritage de Louis XV était un lourd fardeau, les finances avaient été dilapidées sous ce règne déplorable, et les dépenses nécessitées par la guerre d'Amérique avaient encore creusé le déficit.

Après avoir convoqué deux fois et inutilement l'assemblée des notables, le roi, abandonné du clergé et de la noblesse qui ne voulaient renoncer à aucun de leurs privilèges, se décida à convoquer les Etats-Généraux qui ne l'avaient pas été depuis 1614.

CHAPITRE VII

CHUTE DE LA ROYAUTÉ

Les Etats-Généraux, dont l'assemblée reçut le nom de Constituante, se réunirent à Versailles le 5 mai 1789.

Disette. — Dans le pays, à Crécy comme ailleurs, la grande inquiétude était le manque de subsistances ; la grêle et le froid excessif de l'hiver 1788-1789 avaient dévasté les récoltes ; le blé était très cher et l'approvisionnement nul.

14 juillet. — Les ennemis de la royauté, saisissant un moment si favorable pour leurs projets, soulevèrent le peuple de Paris et le 13 et 14 juillet, les barrières sont incendiées, plusieurs maisons pillées ; le gouverneur de la Bastille — qui dans un moment de défaillance avait ouvert au peuple les portes de cette forteresse (1), — massacré ainsi que le prévôt des marchands Flesselles et plusieurs autres.

Aussitôt fut décrétée l'institution de la garde nationale qui reçut la cocarde tricolore.

4 août. — Le 4 août 1789, dans une séance de nuit,

(1) Taine, *La Révolution*, t. I, p. 56 ; Marmontel, *Œuvres*, t. II, pp. 268 et suivantes. — *La Bastille dévoilée*, 2e livraison, p. III.

à jamais mémorable, la noblesse et le clergé firent l'abandon de leurs droits anciens et nouveaux. La joie était générale, il semblait à tous qu'une ère de félicité venait de se lever sur la France, mais les ennemis de la royauté veillaient.

5 octobre. — A la suite d'une sédition populaire, le 5 octobre, Louis XVI fut ramené de Versailles à Paris et désormais plutôt traité en captif qu'en roi. La Constituante suivit à Paris le roi qui perdit aussi toute liberté et dut subir le joug du club des Jacobins.

Milice bourgeoise. — Justice de paix. — En ce temps, fut formée une nouvelle milice bourgeoise et la municipalité demanda un siège de justice de paix (1).

Nouvelles divisions du pays. — Le 22 décembre 1789, l'Assemblée supprima les divisions provinciales, abolit toutes les administrations, et forma dans chaque commune un corps municipal, élu par les citoyens actifs (électeurs), composé d'un maire, des officiers municipaux, des notables et du procureur de la commune, appelé procureur-syndic.

Les élections furent faites le 31 janvier 1790.

Les officiers de la garde nationale furent également élus.

Départements, cantons. — Le 15 janvier 1790, la Constituante partagea la France en 83 départements; ceux-ci furent divisés en districts, et les districts en cantons. Crécy fut compris dans le département de la Brie et du Gâtinais, qui fut appelé, par la loi du 4 mars 1790, département de Seine-et-Marne.

Crécy fut un des huit cantons du district de Meaux, il renferme vingt-deux municipalités : Crécy, Bailly-

(1) Arch. de S.-et-M., t. I, suppl. à la série E, p. 65.

Romainvilliers, Bouleurs, Boutigny, Condé-Sainte-Libiaire, Couilly, Coulommes, Coutevroult, Esbly, La Chapelle-sur-Crécy, La Haute-Maison, Magny-le-Hongre, Montry, Quincy-Ségy, Saint-Fiacre, Saint-Germain-les-Couilly, Sancy, Serris, Vaucourtois, Villemareuil, Villiers-sur-Morin, Voulangis. Ce canton est limité à l'Est par le canton de La Ferté-sous-Jouarre, au Nord par celui de Meaux, à l'Ouest par ceux de Lagny et de Claye, et au Sud par ceux de Rosoy et de Coulommiers; il couvre une superficie de de 14.381 hectares.

Les dix paroisses suivantes de l'ancien doyenné de Crécy ont été détachées du canton : Dammartin-en-Brie, Coupevrez, Tigeaux, Maisoncelles, Hautefeuille, La Celle, Villeneuve-le-Comte, Chalifer, Mortcerf et Guérard.

Les cinq paroisses suivantes, qui ne faisaient pas partie de l'ancien doyenné, ont été réunies au canton de Crécy : Boutigny, Sancy, Saint-Fiacre, Serris et Villemareuil.

Boutigny. (Doyenné de Coulommiers). — Boutigny, sous le titre de Saint-Médard. L'an 1005, sous le pontificat de Saint-Gilbert, les biens ayant été partagés entre l'évêque et le Chapitre, la paroisse de Boutigny appartint à ce dernier. L'église de Fublaines fut dans la suite distraite de celle de Boutigny pour former une paroisse particulière. Ce fait était déjà accompli en 1289. Les écarts de Boutigny sont le Bordet, Previlliers, Paudry, Belloie, Magny, Vincelles, Saint-Loup où se trouvait une chapelle à la collation du Chapitre de Meaux. Cette chapelle était un prieuré dont le saint jouissait d'un grand crédit pour guérir les enfants du mal caduc. Il y avait encore en ce lieu une chapelle du titre de Notre-Dame qui a été transférée à l'Hôtel-Dieu de Meaux.

Sœur-Gibou est un autre hameau au Nord-Ouest de la Commune. En 1210, ce hameau portait le nom de Bacoë, et il y existait un hôpital dont la fondatrice, ou l'une des premières religieuses, s'appelait sœur Gibou ; l'hôpital retint, de cette bienfaitrice, le nom qui s'étendit ensuite à tout le lieu. En 1309, cette maison était desservie par des moines et des religieuses. Elle fut réunie au grand Hôtel-Dieu de Meaux, en 1696 (1).

Sancy. (Doyenné de Coulommiers.) — Sancy sous le titre de la Sainte Vierge, Assomption. Sur cette paroisse se trouvait le monastère de Mont-Denis, qui, en 1641, fut transféré en la ville même de Crécy et dont l'église reçut le nom de Crèche de Jésus.

Sur cette paroisse se trouve le hameau de Monperthuis.

Saint-Fiacre. (Doyenné de Coulommiers.) — Saint-Fiacre, sous le titre de Saint-Jean-Baptiste.

Au commencement du VIIe siècle un Irlandais nommé Fiacre vint en France chercher un lieu de retraite pour pratiquer les bonnes leçons qu'il avait reçues de saint Conan, évêque de Sadore. Il vint à Meaux où l'évêque saint Faron le reçut à bras ouverts et lui donna la terre de Breuil dont il était possesseur. Fiacre y construisit un oratoire qu'il dédia à la Vierge. Bientôt plusieurs hommes de bien, attirés par la réputation de sainteté de Fiacre, vinrent s'associer à ses travaux.

Fiacre recevait les pauvres passants, et donnait les soins aux malades.

(1) F. Pascal, *Hist. de S.-et-M.*, t. I. p. 558.

L'ermitage étant devenu trop petit, Fiacre obtint de saint Faron un terrain dans la forêt voisine.

Saint Fiacre mourut vers 670 et fut enterré dans son ermitage. Comme notre saint était regardé comme le protecteur et le patron de toute la province de Brie, son ermitage devint le rendez-vous des fidèles et le but de nombreux pèlerinages. Peu à peu des habitations s'élevèrent autour de l'ermitage et furent l'origine du village.

En 1313 l'abbé de Saint-Faron de Meaux, dont le prieuré de Saint-Fiacre avait toujours dépendu jusque-là, y établit une communauté fixe de dix religieux, y compris le prieur, avec un convers et une converse. Cette communauté était distincte et séparée de celle de Saint-Faron.

En 1478 Louis XI fit couvrir d'argent la châsse de saint Fiacre, décoration qui lui coûta plus de cent quarante marcs d'argent. Déjà en 1468, les religieux avaient fait une dépense considérable pour cet objet, puisque l'on trouve dans leurs archives une quittance d'un orfèvre de Paris de cinquante-cinq écus d'or, reste d'une plus grande somme.

En 1557, deux habitants de Meaux, Alexis et Laurent Langlois, furent accusés d'avoir volé le chef de saint Fiacre. Ils furent jetés en prison où ils moururent; mais le chef du saint ne fut pas retrouvé.

Louis XIII, atteint de la maladie dont il mourut, fit vœu d'embellir encore cette châsse. Anne d'Autriche, sa veuve, pour accomplir ce vœu dépensa douze cents écus d'or Cette magnifique châsse, encore enrichie d'un diamant de grand prix, fut volée en 1693, mais on ne fit aucune poursuite pour découvrir le voleur (1).

(1) G. Pascal, *Hist. de S.-et-M.*, t. I, pp. 561-562.

En 1565, les religieux, par crainte des troubles dans le royaume, cachèrent la châsse et les reliques de saint Fiacre dans une cabane située au bord de leur étang, puis ils les transportèrent au château de Villemareuil. Un chanoine de Meaux, natif de Saint-Fiacre, persuada aux religieux que le meilleur moyen de soustraire ces trésors aux profanations des Calvinistes était de les déposer dans la cathédrale, leur affirmant qu'après la pacification du royaume, ils leur seraient rendus. La châsse fut transportée à Meaux le 13 septembre 1568. Depuis les religieux réclamèrent inutilement leur châsse, ils s'adressèront même à Louis XIV, lors de son passage à Meaux en 1683; mais Bossuet, alors évêque de Meaux, persuada au roi que la cathédrale devait garder cette châsse.

En 1620, on tenta de réédifier le monastère de Saint-Fiacre. Le titre de prieur fut aboli en 1641 et les revenus en furent remis à la mense conventuelle de Saint-Faron. Le monastère fut rétabli et la nouvelle dédicace eut lieu en 1675 (1) et enfin il fut démoli à la Révolution.

Dom Toussaints Du Plessis rapporte, dans son *Histoire de l'Église de Meaux*, la légende suivante qui n'a d'autre garant que l'auteur, peu ancien, de la *Vie de saint Faron*. Quand saint Fiacre eut obtenu de saint Faron un nouveau terrain, dans la forêt voisine, celui-ci lui accorda tout le terrain qu'il pourrait défricher et environner d'un fossé en vingt-quatre heures. Sur cette parole, le saint trace sur la terre, avec sa bêche, l'enceinte qu'il se propose de joindre à son ermitage ; à mesure qu'il avance, les arbres tombent

(1) F. Pascal, *Hist. de S.-et-M.*, t. I, pp. 559 à 564.

devant lui et le fossé se creuse de lui-même. Etonnée de ce prodige, une méchante femme, à qui le peuple a donné le nom de Becnaude, charge le saint d'opprobres, court l'accuser de magie devant saint Faron, qui retournait à Meaux. Le saint évêque revient aussitôt sur ses pas : Fiacre, livré à la tristesse, abandonne l'ouvrage et s'assied sur une pierre placée près de lui : la pierre s'amollit comme la cire et reçoit l'empreinte de son corps. Ce second miracle fait éclater l'innocence de Fiacre qui en glorifie le Seigneur et l'accusatrice est confondue. Pendant plusieurs siècles, on a conservé, dans le monastère de Saint-Fiacre, une grosse pierre ronde, creusée vers le centre de sa surface et posée sur une espèce de socle.

Les gens affligés d'hémorroïdes vont s'y asseoir, sans se dévêtir ni relever leurs habits, et plusieurs ont affirmé y avoir trouvé une entière guérison.

Le pèlerinage de Saint-Fiacre était autrefois très suivi, il avait lieu le jour de la Saint-Fiacre, 30 août (1).

Par delà la forêt du Mant se trouve la ferme de Dieu-l'Amant, ancienne Commanderie de l'ordre de Malte, dont la chapelle, aujourd'hui ruinée, était sous l'invocation de saint Ovit. En 1509, Albert de Cosurel assista à la rédaction de la Coutume de Meaux, comme seigneur de Dieu-l'Amant (2).

Serris (Doyenné de Crécy, autrefois de Lagny). — Serris, sous le titre de Saint-Michel Archange. Cette église dépendait autrefois du doyenné de Lagny et était à la collation de l'archevêque de Paris.

La pose de la première pierre du presbytère fut faite en 1702; la bénédiction des trois cloches le

(1) D. T. Du Plessis, *Hist. de l'église de Meaux*, t. I, p. 55.
(2) F. Pascal, *Hist. de S.-et-M.*, t. I, p. 564.

23 octobre 1768, et celle de la grosse cloche le 30 août 1780 (1).

En 1196, il est question d'un Guibelez de *Sarries*; Isabelle Ire de Sarris fut abbesse de Pont-aux-Dames; elle est nommée dans deux chartes : l'une du mois de juillet 1349, l'autre du mois de mars 1355 (2).

En 1580, Thomas le Pilleur, secrétaire du roi, seigneur de Serris, assista, en cette qualité, à la rédaction de la coutume de Paris.

En effet Serris était de la coutume et de l'Election de Paris, mais il était du Bailliage de Meaux.

La foire de saint Michel, patron de Serris qui se tient à Crécy le 29 septembre, fut fondée à Serris.

Le *Mercure de France* du mois d'avril 1695 rapporte qu'en 1622, un marchand fut tué et jeté dans une mare sur le chemin de Serris à Villeneuve-Saint-Denis; que la victime revint de l'autre monde et désigna les assassins. Ceux-ci arrêtés sur un pareil témoignage furent condamnés à être rompus vifs à Meaux. En ce temps, ce fait n'était pas impossible.

Villemareuil (Doyenné de Coulommiers.).— Villemareuil, sous le titre de saint Jacques et de saint Christophe.

En 1134, Thibauld de *Villemeroia* fut un des bienfaiteurs du monastère de Fontaines.

En 1449, Jean de Loire était seigneur de Villemareuil.

En 1549, Jean de Buz, de triste mémoire, était évêque de Meaux. Il érigea, contre toutes les formes, l'église de Villemareuil en cure, sans avoir pris le consentement ni du curé, ni des habitants du bourg de Saint-Fiacre dont Villemareuil dépendait pour le spirituel. Cette église avait été bâtie par Charles de Buz, son aïeul,

(1) Archives de S.-et-M., t. I, Série A E, Suppl. à la Série E, p. 68.
(2) Berthault, *L'Abbaye de Pont-aux-Dames*, p. 132.

seigneur de Villemareuil, qui mourut le 3 janvier 1496, et qui y fut enterré. Antoine de Buz, petit-fils de Charles et frère de l'évêque, voulut en faire une paroisse et l'évêque lui donna ce titre, de sa pleine autorité, sans consulter aucun des intéressés. En vain cinq prieurs consécutifs de Saint-Fiacre et les habitants de ce bourg y formèrent-ils opposition dans la suite, ils s'y prirent trop tard ; l'érection de la nouvelle paroisse subsista, et elle demeura à la présentation laïque des seigneurs du lieu, à l'exclusion de l'abbé de Saint-Faron, présentateur de l'église de Saint-Fiacre, dont celle de Villemareuil avait été démembrée.

Ce fut en cette église paroissiale que l'évêque Jean de Buz fut enterré sans pompe et sans cérémonie ; on n'a pas même daigné mettre la moindre inscription sur le lieu de sa sépulture (1).

Le château seigneurial, qui avait été bâti en 1650, fut brûlé par le feu du ciel en 1757.

Le seigneur avait les trois justices ; le fief relevait du roi.

L'ancien fief de Brinches possédait un manoir féodal.

Le hameau de Mimoux, situé entre Brinches et Villemareuil, possède une fontaine du nom de Saint-Fiacre, aux eaux de laquelle le peuple attribuait des vertus médicinales. Au nord de la forêt du Mant est le hameau de Bois-de-Buis et dans un grand espace presque circulaire environné par cette même forêt se trouvent les fermes de la Picardie et de Mont-Levé (2).

Voulangis. — La paroisse de Saint-Martin-sur Crécy a pris en ce temps le nom de commune de Voulangis.

Serment. — Le dimanche 30 janvier 1790, les ecclé-

(1) Dom T. Du Plessis, *Hist. de l'église de Meaux*, t. I, p. 349.
(2) F. Pascal, *Hist. de S.-et-M.*, t. I, p. 565.

siastiques, en l'église de la paroisse, prêtèrent le serment d'être fidèles à la Nation, à la Loi et au roi, de maintenir de tout leur pouvoir la Constitution décrétée par l'Assemblée nationale et acceptée par le roi (1).

Don patriotique. — Crécy, comme toutes les municipalités de France, organisa des souscriptions volontaires pour venir en aide au gouvernement; ce don patriotique fut envoyé à l'Assemblée nationale.

Biens du Clergé. — La Constituante avait décrété que les biens du Clergé appartenaient à la nation, et le 13 mars 1790, elle ordonna la vente de ces biens, dits biens nationaux.

Population. — Le 17 avril 1790, le nombre total des citoyens était de trois cents, des éligibles de cent quarante-deux et des non-actifs de cent un.

Situation de la ville. — La municipalité nous fait le tableau suivant de la ville en 1790 : La ville n'avait aucun territoire, elle était bornée par ses murs; elle n'avait aucun revenu certain; son seul commerce était celui des tanneries, déjà bien diminué depuis quelques années; la chute du pont emporté par les eaux, en 1784, lui fait un tort considérable, en empêchant les fermiers d'amener au marché leurs grains et autres denrées, à cause du peu de sécurité que leur offre le passage par le bac, passage qui n'a déjà causé que trop de malheurs. Elle demande : 1° la reconstruction du pont de Dame-Gille qui donne la communication avec les grandes routes de Champagne et de Brie; 2° l'établissement d'un collège dans la maison des Minimes où il y en avait eu déjà un; 3° des travaux de charité en ateliers pour le rétablissement des différentes rues de la ville et des

(1) Registres municipaux.

chemins vicinaux qui sont dans le plus mauvais état.

Division de la ville. — La ville fut divisée en trois sections, du Nord, du Levant et du Midi (1).

Fédération. — Le 14 juillet, la fête de la Fédération fut célébrée avec éclat et un *Te Deum* fut chanté à l'église.

Drapeaux des arquebusiers. — La corporation des arquebusiers fut invitée à déposer aux voûtes de l'église paroissiale, leurs drapeaux et guidons. Cette cérémonie fut faite en grande pompe le 8 août 1690.

Pont de Dame-Gille. — Le pont de Dame-Gille, emporté par les eaux en 1784, n'était pas encore réparé le 16 décembre 1790.

Réunion des paroisses. — D'après le décret du 12 juillet 1790, toute commune au-dessous de six mille âmes ne devait avoir qu'une seule paroisse. La municipalité de Crécy demanda, le 8 mars 1791, la réunion à la paroisse de Crécy, dont la population est de mille trois âmes, des paroisses de La Chapelle, Saint-Martin-les-Voulangis, Villiers-sur-Morin et Bouleurs, paroisses qui ne sont qu'à une demi-lieue de Crécy. Indépendamment de ces quatre paroisses, la municipalité demandait encore la réunion de la paroisse de Tigeaux, distante de trois quarts de lieue de Crécy ; la réunion du hameau de Monthérand, dépendant de la paroisse de Guérard, distant de Crécy, d'une demi-lieue; enfin de Martigny autre hameau, et de la ferme des Marais qui sont de la paroisse de Couilly, distants d'une demi-lieue de Crécy.

Toutes ces réunions donnaient à la paroisse de Crécy une population de 4.587 âmes (2).

(1) Registres municipaux.

(2) Registres municipaux.

Taxe du pain. — Il devint alors nécessaire de fixer le prix du pain ; une taxe fut établie, le 28 mars 1791.

Fête-Dieu. — En ce temps, la religion était encore respectée, puisque le 21 juin 1791, il y eut une délibération sur l'ordre de la marche à observer, lors de la cérémonie de la procession de la Fête-Dieu.

Garde nationale. — Comme partout, la garde nationale était une cause de désordre. Le 21 juillet, on demanda à la municipalité de remettre l'ordre et la discipline dans les quatre compagnies de la garde nationale. Cette garde fut réorganisée.

Prestation de serment. — La fête de la Fédération fut célébrée avec éclat, le 14 juillet 1791 ; le serment fut prêté par les fonctionnaires et tous les citoyens de la ville.

Procureur de la commune. — Le 21 juillet eut lieu l'élection du Procureur de la commune.

Bénédiction de drapeaux. — Le 31 juillet, la bénédiction des drapeaux de la garde nationale fut faite en grande cérémonie.

L'émigration, la fuite du roi et son arrestation à Varennes, le 21 juin 1791, ne paraissait pas avoir causé une grande émotion à Crécy.

Assemblée législative. — L'assemblée législative qui succéda à la Constituante se réunit le 30 septembre 1791, et le dimanche suivant 9, la nouvelle constitution fut proclamée dans toutes les communes.

Offre de 3.000 livres. — Le 12 janvier 1792 les administrateurs de l'Hôtel-Dieu offrirent 3.000 livres pour former des ateliers de charité. La municipalité accepta cette somme avec remerciements (1).

(1) Registres municipaux.

La guerre. — La guerre fut déclarée à l'Autriche, le 20 avril 1792 : c'était le commencement de la grande lutte de la France contre l'Europe entière.

La « Marseillaise ». — En ce temps Rouget de l'Isle, officier dans le génie, composa les paroles et la musique d'un hymne admirable qu'il appela le chant de guerre de l'armée du Rhin. Cet hymne devint plus tard le chant de l'émeute et reçut le nom de « Marseillaise » qu'il a conservé. La disette sévissait, le peuple manquait de pain ; des mesures furent prises, le 4 juillet, pour faire arriver le blé au marché (1).

Patrie en danger. — Par acte du Corps législatif du 11 juillet, la municipalité fut prévenue que la Patrie était en danger.

Aussitôt un corps de garde fut installé et les mesures les plus sévères furent prises pour parer à tout danger.

Un local fut loué pour y placer la gendarmerie (2).

10 août. — L'insurrection du 10 août ne laissait au roi d'autre alternative que de vaincre la révolte en faisant couler des flots de sang ou de céder à l'émeute, en se retirant au sein de l'Assemblée nationale. Louis prit ce dernier parti, décision fatale qui ne le sauva pas et fut le signal du massacre de ses gardes et de ses serviteurs fidèles, réunis aux Tuileries pour le défendre.

Déchéance du roi. — Sur la proposition de Vergniaud, l'Assemblée décréta la déchéance provisoire de Louis XVI et la convocation, pour le 23 septembre, d'une Convention nationale, qui donnerait une nouvelle Constitution à la France.

La famille royale fut envoyée captive au Luxembourg, et trois jours après dans la tour du Temple.

(1) Registres municipaux.
(2) Registres municipaux.

Le bruit de ces événements causa une émotion profonde dans tout le pays.

Fermeture des églises. — Au mois d'août les églises furent fermées.

Invasion. — Pendant ce temps le roi de Prusse s'était avancé au cœur de la Champagne : à cette nouvelle les factieux, saisis de désespoir et de fureur, égorgent hommes et femmes dans les prisons de Paris. Plus de huit mille Français furent massacrés par ces assassins que l'on a appelés Septembriseurs ; mais à côté de ces assassins, le pays possédait de vrais patriotes ; de tous côtés se levèrent des défenseurs pour repousser l'ennemi menaçant, et sous des chefs incomparables, ces enrôlés volontaires, ces derniers fils de la vieille France monarchique, allaient, de 1792 à 1815, étonner le monde par des exploits sans exemple dans l'histoire.

État civil. — La loi du 20 septembre 1792 constitua notre état civil.

Bataille de Valmy. — Le 20 septembre, l'armée des coalisés était battue à Valmy, et nos jeunes soldats repoussaient glorieusement cette première invasion, sinistre avant-coureur des grandes invasions du dix-neuvième siècle.

République. — Le lendemain la Convention s'assemblait et, le jour même de son ouverture, elle déclarait que la République était le gouvernement de la France. Avec la royauté allait tomber aussi cette liberté naissante, au nom de laquelle on avait déjà commis tant de crimes.

L'œuvre et les hommes de 89 furent condamnés par les républicains.

Le Chaudeau. — En terminant ce travail, nous voulons dire un mot du Chaudeau.

Dans quelques cantons de la Brie, notamment dans celui de Crécy, le lendemain des noces, les jeunes garçons et les jeunes filles du village allaient, de bonne heure, frapper à la porte des nouveaux mariés et leur chantaient les couplets qui suivent. Quand ils avaient fini, on leur ouvrait la porte et ils offraient aux jeunes époux du vin chaud sucré avec des grillades de pain ; c'est ce qu'on appelait le Chaudeau. L'origine de cet usage se perd dans la nuit des temps.

Le Chaudeau ou le lendemain des noces.

UNE JEUNE FILLE OU UN JEUNE GARÇON

Sur le pont d'Avignon j'ai ouï chanter la belle,
Qui, de son chant, disait une chanson nouvelle;
Ouvrez la porte, ouvrez, nouvelle mariée!
Nos amours sont sur l'eau, dans un bateau de verre,
Le bateau s'est cassé, nos amours sont sur terre,
Ouvrez la porte, ouvrez, nouvelle mariée!

LA MARIÉE

Comment que j'ouvrirais? je suis au lit couchée
Auprès de mon mari, la première nuitée,
Attendez à demain, la fraîche matinée,
Pour que mon lit soit fait, ma chambre balayée,
Et que mon mari soit à gagner sa journée

UN JEUNE HOMME

Comment que j'attendrais? j'ai la barbe gelée,
La barbe et le menton, la main qui tient l'épée,
J'ai mon cheval grison qui en a la tranchée,
Et mon petit chien blanc qui mord dans la gelée.

Ouvrez la porte, ouvrez, nouvelle mariée !
Sont trois petits oiseaux qui ont pris leur volée,
Ils ont été si haut qu'ils ont la mer passée,
La mer et les poissons et toute la marée,
Sur le château du roi, ils ont pris reposée,
Ils ont pondu, couvé et amené grouillée,
Sur la table du roi, ils ont pris leur bêchée.
Ouvrez la porte, ouvrez, nouvelle mariée (1) !

(1) P. Tarbe, *Romancero de Champagne et de Brie*, t. V, pp. 88-89. (Collection de MM. Lhuillier et Leroy, de Melun).

Lagny, le 10 novembre 1909.

TABLE

TABLE PAR ORDRE ALPHABÉTIQUE

C

D

H

I

J

L

L

M

N

O

P

V

TABLE GÉNÉRALE

E. GREVIN — IMP. DE LAGNY

www.ingramcontent.com/pod-product-compliance
Ingram Content Group UK Ltd.
Pitfield, Milton Keynes, MK11 3LW, UK
UKHW022053190726
13855UKWH00002B/489

9 782013 495103